苑利 顾军 主编 | 中国文化遗产保护北斗丛书

# 文化生态保护区建设工作指导手册

周建明 苑利 著

学苑出版社

**图书在版编目（CIP）数据**

文化生态保护区建设工作指导手册 / 周建明，苑利著. —北京：学苑出版社，2022.10

（中国文化遗产保护北斗丛书 / 苑利，顾军主编）

ISBN 978-7-5077-6507-6

Ⅰ.①文… Ⅱ.①周… ②苑… Ⅲ.①非物质文化遗产—保护—中国—手册 Ⅳ.①G122-62

中国版本图书馆 CIP 数据核字（2022）第 179245 号

出 版 人：洪文雄
责任编辑：周　鼎
装帧设计：黄　辉　齐立娟
剪纸收藏：李　强
出版发行：学苑出版社
社　　址：北京市丰台区南方庄 2 号院 1 号楼
邮政编码：100079
网　　址：www.book001.com
电子信箱：xueyuanpress@163.com
联系电话：010-67601101（营销部）　010-67603091（总编室）
印 刷 厂：英格拉姆印刷(固安)有限公司
开本尺寸：787×1092　1/32
印　　张：6.5
字　　数：123 千字
版　　次：2022 年 10 月第 1 版
印　　次：2023 年 6 月第 2 次印刷
定　　价：48.00 元

# 总 序

据说，地球上共有动物150多种，但从起源角度看，无论是有脊椎动物，还是无脊椎动物，它们的起源都远远早于人类。哪怕是一只鳄鱼，一只壁虎，一条蚯蚓。但令人不解的是，为什么在生物进化过程中，后起的人类居然能异军突起，并将那些早于自己的动物，远远地抛在自己的身后？原因很简单，小动物们活着靠的是本能，而人活着除靠本能之外，还在于他们善于学习。不管经历与否，只要他们学到了相关知识，就能利用这些知识去解决面对的问题。当然，一个人的阅历毕竟有限，全靠自己的亲力亲为去获取知识并不现实。这就要求我们在多走多看，增加阅历的同时，多向别人学习，特别是向在5000年中华文明史上，创造过各种文明的祖先们学习，看看祖先们是怎么解决这类问题的。

祖先的经验传递通常会以以下三种方式进行：一种是以典籍的方式将知识与经验传递给我们，一种是以文物的形式将知识与经验传递给我们，最后一种是以口传心授的方式将知识与经验传递给我们,这便是我们通常所说的非物质文化遗产。既然祖先是以上述三种方式,将他们的知识与经验传递给我们的,我们在研究祖先智慧时,就应该打通壁垒,从文献、文物以及非物质文化遗产等多个层面与维度,对祖先遗产进行全方位解读与研究。

在各类遗产中,物质文化遗产似乎是最靠谱的存在。原因是它本身就是历史的一部分,通过它当然可以反观历史,反观祖先在历史上创造的各种文明。但只保护物质文化遗产尚远远不够,因为它很难回答这种文明是怎样创造出来的。与它相比,非物质文化遗产似乎更容易回答这个问题。原因在于,非物质文化遗产尽管不是秦砖汉瓦,但它是秦砖汉瓦的烧制技术;尽管它不是故宫长城,但它是故宫长城的建造技术。从表面看,非物质文化遗产似乎只是活在当下的存在,但实际上它同样是历史的一部分。我们完全可以通过取今证古的方法,用它来解读历史上所曾发生的各种文明。当然,对于中国这样一个具有3200多年文字使用史的民族来说,只保护好物质文化遗产与非物质文化遗产仍然不够,因为这些文物及文物制作技术背后的许多东西——如作者的设计理念等,通常都是通过文字记录下来的。所以,在对物质文化遗产与非物质文化遗产实施"成对儿"保护的同时,还应注意到对相关文献的保护与研究。正是出于这样一种理念,我们在设计这套丛书时,并没有将目光局限于我们擅长的非物质文化遗产自身,而是在关注非物质文化遗产的同时,也将目光投向了物质文化遗产和文献遗产,并期望通过这种全方位的关照,为祖先遗产的保护,找出更多规律性的东西。

苑 利

2022 年 9 月

# 前　言

从 2007 年中国批准设立第一个国家级文化生态保护实验区算起，中国的文化生态保护区建设已经整整走过 15 个年头。截至 2020 年 6 月，我国共设立国家级文化生态保护实验区 23 个，涉及省份 17 个，其中 7 个经严格评估后被正式授予国家级文化生态保护区称号；另外，全国 21 个省（区、市）设立范围大小不一、特色鲜明的省级文化生态保护区 197 个[①]。这些举措在推动我国非物质文化遗产整体性保护，促进地方经济、社会协调发展等方面，发挥了重要作用。

文化生态保护区作为中国在非物质文化遗产保护过程中创造出来的一种全新保护模式，其理念是科学的，行动是前卫。它的意义在于帮助我们把人们对非物质文化遗产保护的认识从非物质文化遗产自身转向其生存空间，继而从生态学视角，为非物质文化遗产保护提供了一种全新的思路。

---

① 中国非物质文化遗产保护中心：《中国非物质文化遗产保护的生动实践》，《中国非物质文化遗产》创刊号，2020 年第 1 期。

但是，在许多文化生态保护区建设实践中，我们也注意到有些文化保护区似乎并未将这一生态学理念真真正正地落实到具体的行动中去，反倒是因为理解上的偏差、理念上的滞后，出现了诸如只关注非物质文化遗产自身而忽略非物质文化遗产所需生态环境、只关注静态展示而忽略活态传承、只保护"核心技术"而忽略整体性保护、只看到政府作用而忽略民间传承，以及误把文化生态保护区当成一个个"开放系统"，误把非物质文化遗产当成可以随时改、随时编的文创产品，或是误把文创工作者当成非物质文化遗产传承人等一系列问题。

方向决定命运，思路决定出路。文化生态保护区要想得到科学保护，并实现可持续发展，保护理念必须解决。本书的写作目的，就是想通过概念梳理、历史溯源、重点解析、规划指导、建设指引，分析教训，经验总结，提出建议，来回答同人们在文化生态保护区申报及建设工作中经常遇到的问题。

苑 利
2022 年 1 月
于北一街八号

# 目 录

## 一、概念篇

一 什么是生态? / 003

二 什么是文化生态? / 005

三 什么是文化生态系统? / 007

四 什么是文化生态保护区? / 010

五 文化生态保护区的工作重点是什么? / 011

六 文化生态保护区依重要程度不同大致可分为哪三个区? / 013

七 申报文化生态保护区至少应满足哪些条件? / 015

八 如何理解文化生态保护区建设中抢救性保护这张牌? / 017

九 如何用好文化生态保护区建设中的生产性保护这张牌? / 018

十 文化生态保护区建设中如何用好数字化保护这张牌? / 019

十一 文化生态保护区建设中如何用好立法性保护
　　 这张牌？ / 020
十二 为什么文化生态保护区建设一定要做好整体性保护
　　 工作？ / 021
十三 统计文化生态保护区中的非遗项目能告诉我们哪些
　　 信息？ / 024

## 二、溯源篇

一 文化生态保护区理念是什么时候提出的？ / 031
二 文化生态保护区保护理念是什么时候初步
　 形成的？ / 032
三 文化生态保护区保护理念是从什么时候开始逐步
　 深化的？ / 035
四 为什么说国家公园建设是文化生态保护区保护
　 理念的最早实践？ / 037
五 为什么说生态博物馆建设是国外文化生态保护区
　 建设的重要实践？ / 039
六 中国是从什么时候开始接受文化生态保护区建设
　 理念的？ / 041
七 文化生态保护区理论形成示意图 / 043

## 三、重点篇

一 为什么说文化生态保护区建设重点是保护非物质文化遗产赖以生存的生态环境？ / 047

二 为什么说文化生态保护区建设的本质就是强调对非物质文化遗产的整体性保护？ / 049

三 文化生态保护区生态修复的近期目标是什么？ / 050

四 文化生态保护区亟须抢救的主要项目类型有哪些？ / 051

五 为什么说改善非物质文化遗产传承的人文生态非常重要？ / 052

六 如何才能重点修复非物质文化遗产项目的受损基因？ / 053

七 为什么说文化生态保护区要警惕外来"物种"入侵？ / 054

八 为什么说文化生态保护区要警惕外来"文化生态因子"的入侵？ / 056

九 为什么说文化生态修复需要打好"政策调整"与"资金投入"这记"组合拳"？ / 058

十 为什么说文化生态保护区建设需要"整体观"？ / 059

十一 如何确保非物质文化遗产依存的文化生态系统的完整性？ / 060

十二 如何利用好非遗项目间的互补关系来保护非物质文化遗产？ / 062

十三 如何利用好非遗项目间的共生关系来保护非物质文化遗产？ / 063

十四 如何利用好非遗项目间的寄生关系来保护非物质文化遗产？ / 064

## 四、规划篇

一 我国的空间规划体系包括哪些内容？ / 069

二 我国文化生态保护区规划属于哪种类型？ / 073

三 我国《文化生态保护区规划纲要》包括哪些内容？ / 075

四 我国文化生态保护区规划属于哪种规划？ / 077

五 我国文化生态保护区规划的组织主体是什么部门？ / 078

六 我国文化生态保护区规划编制的主要依据是什么？ / 079

七 我国文化生态保护区规划的实施主体是什么部门？ / 082

八 我国文化生态保护区规划的技术路线包括哪些内容？ / 085

九 我国文化生态保护区规划制定过程分几个步骤？ / 087

十 我国文化生态保护区规划的目的和任务包括哪些内容？ / 088

十一　为什么说现场调研与问题诊断是文化生态保护区
　　　规划建设的第一步？　/ 089

十二　为什么说规划前的专题研究非常重要？　/ 091

十三　如何做好非物质文化遗产的基础性保护工作？　/ 092

十四　在文化生态保护区中如何做好传承人的保护
　　　工作？　/ 093

十五　在文化生态保护区中如何做好重要非物质文化遗产
　　　项目的保护工作？　/ 094

十六　如何做好文化生态保护区传统节庆活动的
　　　保护工作？　/ 095

十七　如何做好非遗进校园的宣传组织工作？　/ 096

十八　如何做好文化生态保护区非遗展览展示、交流与
　　　展演工作？　/ 098

十九　如何做好非遗数字化保护工作？　/ 099

二十　如何利用传统节日做好传统民俗庙会的保护
　　　工作？　/ 101

二十一　如何处理文旅产业与社会经济发展之间的
　　　　关系？　/ 103

二十二　如何编制文化生态保护区总体规划实施
　　　　方案？　/ 105

二十三　如何编制文化生态保护区近期建设规划？　/ 107

## 五、建设篇

一　文化生态保护区的建设理念是什么？　/ 111

二　文化生态保护区建设的指导思想是什么？　/ 113

三　如何理解文化生态保护区的建设方针与原则？　/ 115

四　文化生态保护区的建设目标是什么？　/ 116

五　文化生态保护区的建设重点是什么？　/ 117

六　如何做好生产性保护基地的建设工作？　/ 119

七　如何做好生产性保护示范基地的建设工作？　/ 121

八　如何做好传习所的建设工作？　/ 122

九　如何做好非遗展示馆的建设工作？　/ 123

十　为什么说文化生态保护区基础设施建设同样是把双刃剑？　/ 124

十一　为什么说要对文化生态保护区重要文化空间实施重点保护？　/ 125

十二　文化生态保护区文化生态保育　/ 127

十三　文化生态保护区文化生态修复　/ 129

十四　文化生态保护区文化生态系统建设　/ 130

## 六、管理篇

一　文化生态保护区设立有哪些条件？　/ 133

二　文化生态保护区管理机构是怎样构成的？　/ 135

三 文化生态保护区的管理职责有哪些? / 136

四 文化生态保护区管理办法 / 137

五 如何理解对非物质文化遗产的利用和管理? / 138

六 如何对文化生态保护区规划实施科学的监督
管理? / 139

## 七、实施篇

一 谁是保护区非物质文化遗产项目的传承主体? / 143

二 文化生态保护区的保护主体? / 146

三 实施监督 / 148

四 实施效果 / 149

五 实施评价 / 150

## 八、问题篇

一 文化生态保护区建设理念滞后问题? / 157

二 文化生态是怎么被破坏和改变的? / 158

三 为什么文化生态保护区不能建成"开放系统"? / 159

四 为什么说文化生态保护区最怕"外来物种"
入侵? / 161

五 怎样才能确保优秀传统文化基因永不退化? / 162

六　文化生态保护区的文化生态到底是指什么？　/ 164

七　为什么说过分强调非物质文化遗产博物馆的静态展示，很容易使"活遗产"变成"死文物"？　/ 166

八　为什么说政府取代民间，极易导致非物质文化遗产的"官俗化"？　/ 167

九　某些地方政府经常干预传统节日仪式的后果是什么？　/ 168

十　某些地方政府经常干预传统表演艺术的后果是什么？　/ 169

十一　某些地方政府开始干预的项目是什么？干预的结果是什么？　/ 170

十二　某些地方政府会较少干预的项目是什么？　/ 171

十三　某些地方政府在文化生态保护区建设中到底应该扮演怎样的角色？　/ 173

十四　为什么说缺乏"文物"意识，很容易让"真遗产"变成"假文物"？　/ 174

十五　为什么说只保护"核心技术"，极易破坏非物质文化遗产的整体保护与本真传承？　/ 177

十六　为什么说非物质文化遗产保护与衍生品开发要分别实施？　/ 178

十七　为什么说弄懂自己的特点和长处是十分重要的？　/ 180

十八　为什么说非遗传承的最好状态不是"表演态"而是"生活态"？　/ 182

十九　只要政府的干预是善意的，结果就都会是好的吗？　/ 183

**附录：**中国文化生态保护实验区名单　/ 184

# 一、概念篇

# 一 什么是生态?

生态是指生物在一定的自然环境下生存和发展的状态，也可以是生物的生理特性和生活习性。① 在一定空间区域内，生物群落与非生物环境之间通过不断进行物质循环、能量流动和信息传递过程而形成的相互作用和相互依存的统一整体称为"生态系统"。② 如分布在热带滨海地区咸淡水交汇处的红树林湿地生态系统，就是一个以红树为主，包含马鞭草科、海桑科等乔灌木植物，以及苍鹭等鸟类、弹涂鱼等鱼类和多种蟹类等共同组成的生物群落，与咸淡水交汇在一起的滨海滩涂湿地自然环境组成的有机整体。

我们将生态学理论引入非物质文化遗产保护领域，目的就是让大家注意到非物质文化遗产与传承人、非物质文化遗产与当地民众、非物质文化遗产与其依托的自然环境和人文环境间的密切联系，明白"牵一发而动全身的道理"，从而尽可能减少因生态系统的破坏给非物质文化遗产带来的不必要伤害。

---

① 百度百科。
② 孙振钧，王冲主编.基础生态学[M].化学工业出版社，2007.

在现实生活中,生态系统本应是个开放系统。但一旦这个系统出现问题,人们就会将这个系统"封闭"起来,让这个生态系统逐渐修复。天保工程中的"封山育林"政策和非遗保护中的文化生态保护区建设,基本上都是在这一思路的基础上进行的。

## 二 什么是文化生态？

文化生态，是指某种文化在传承、发展过程中所处的生长环境。在非物质文化遗产语境下，所谓的"文化生态"，是指非物质文化遗产及其传承人必须依存的自然环境与人文环境。从保护的角度看，保护文化生态就是对非物质文化遗产赖以生存的自然环境与人文环境实施整体性保护。整体性保护是文化生态倡导者的基本目标。

作为中华文化重要组成部分的非物质文化遗产，同样需要适合于它的生态环境，但这一点很容易被人们忽略。譬如，以前一谈及非物质文化遗产保护，人们首先想到的便是一个个非物质文化遗产项目。如果我们把这些项目比喻成一只只小虫子，那么，当时人们最关注的便是如何通过某种手段，将这些"小虫子"保护起来。人们今天将它们放到"玻璃瓶"里，明天将它们放到"蛐蛐罐"中。但没过多久，发现这些小虫子还是死了。于是又去取一只，又来弄死它。至于这些小虫子为什么会死，我们很少反思。即或反思，也很少从生态环境这个层面进行反思。其实，"小虫子"之所以会死，不是我们不够关注"小虫子"，而是我们过分地、过度地关注了"小虫子"，而忘却了"小虫子"们所需要的生态环境。

文化生态保护区建设与传统意义上的非物质文化遗产保护的本质区别在于，作为文化生态保护区建设工作者，我们至少应该明白这样一个最基本的道理：要想保护好非物质文化遗产这只"小虫子"，首先应该从改善或是保护好非物质文化遗产这只"小虫子"赖以生存的那个生态环境做起，为非物质文化遗产营造出一个更适合其成长的生态环境。这既是文化生态保护区建设的逻辑起点，也是文化生态保护区建设的终点。文化生态保护区建设，始终都应该在文化生态的保育上下足功夫。

## 三 什么是文化生态系统？

所谓"文化生态系统"，是指在一个特殊文化区域内，该区域文化创造者或传承者与他们所处环境构成的那个统一整体。

文化生态系统具有高度的开放性、综合性、整体性、有机关联性、空间层次性、活态流变性、地域特色性和结构有序性。

文化生态系统地域类型包括：

（一）活态保护单元：将非物质文化遗产项目集中所在的社区、街道或村落划出特定传承范围，这个范围就是活态传承单元，这个单元有时指一座院落、一个单体建筑，有时指一个特定的场所（如侗族的鼓楼）。而这里的非物质文化遗产项目及其传承场所，就是我们所说的活态保护单元核，非物质文化遗产及其物质载体，是我们保护的重点。

（二）复合保护空间：这是生态群理论和岛屿生物地理学理论引中出的一个非物质文化遗产保护空间概念。一个或多个非物质文化遗产项目由于相互作用，最终形成的一个相互兼容，但同时又具有比较明确"边界"的最小地理保护空间。这个空间是指自然环境和人文环境形成的复合保护空间，也就是最小的文化生态单元，如拥有一个或多个非物质文化遗产项目保护传承的传统村落或街道、社区及其周边的关联地域。

（三）核心区域：是指文化生态系统中的非物质文化遗产名录项目和代表性传承人最为集中、文化形态最具代表性的区域。在文化生态保护区中，人们通常会选取若干个自然生态与人文生态保持较为完整、高级别、高品质的非物质文化遗产项目最为集中的连片区域，作为文化生态保护区的核心区，并对它实施高级别保护，如热贡文化生态保护区中的隆务河谷地区。

（四）文化生态廊道：是指促使非物质文化遗产项目形成、发展与流变的各种要素进出的主要通道，或是非物质文化遗产传播的主要通道，如国家级大理民族文化生态保护实验区中的茶马古道。

（五）文化生态空间结构：是指非物质文化遗产在形成、发展、流变过程中所形成的，由各种空间要素组成的空间形态。对文化生态空间结构的特征分析，是文化生态保护区空间规划的重要基础。

（六）文化生态空间网络：是指把不同文化生态系统相互连接起来的某种方式。网络节点既是文化生态廊道上的关键点，也是文化生态系统功能的汇集点。

（七）文化生态涵养区：是指文化生态的支持区，即为维护某种文化生态系统的平衡与完整所形成的环境支撑区。

这个支撑区通常都会选在离核心区最远的文化生态系统边界地带。

（八）文化生态系统边界：是指两种不同文化相邻近的那部分地域边界，通常可以用文化生态涵养区的边界来划定。位于系统边界上的非物质文化遗产，通常也多具有明显的混合特点。

（九）文化生态交错带：是指邻接的同级文化生态系统的边缘地带。因不同文化在此交错，所以，处于文化生态交错带上的文化，多具有明显的"兼容"特点。

## 四 什么是文化生态保护区？

在 2011 年 6 月 1 日起实施的《中华人民共和国非物质文化遗产法》明确规定："对非物质文化遗产代表性项目集中、特色鲜明、形式和内涵保持完整的特定区域，当地文化主管部门可以制定专项保护规划，报经本级人民政府批准后，实行区域性整体保护。"

2018 年 12 月 10 日发布的《国家级文化生态保护区管理办法》规定，所谓国家级文化生态保护区，"是指以保护非物质文化遗产为核心，对历史文化积淀丰厚、存续状态良好，具有重要价值和鲜明特色的文化形态进行整体性保护，并经文化和旅游部同意设立的特定区域"。

## 五 文化生态保护区的工作重点是什么？

（一）保护非物质文化遗产。内容包括文化生态保护区内非物质文化遗产项目及传承人的整体性保护，保护好与非物质文化遗产相关的物质载体、文化场所和自然与人文环境。具体工作包括非物质文化遗产项目及其传承人的确认、立档、研究、保存、保护、宣传、弘扬、承传和振兴等。

（二）传承非物质文化遗产。非物质文化遗产传承包括了代际间的纵向传承与人际间的横向传承。代表性传承人及传承群体是非物质文化遗产的传承主体，传统村落与社区广大民众的积极参与是非物质文化遗产传承的社会基础。健全完善非物质文化遗产传承机制，提供非物质文化遗产传承所需的物质保障和场所保障，推动扎实有效地开展非物质文化遗产传承工作，使保护区内大部分非物质文化遗产项目得到有效的保护与有序传承，是文化生态保护区建设工作的重中之重。

（三）保育与修复文化生态系统。文化生态保护区要加强对非物质文化遗产所依存的文化生态系统进行保护与修复，要注意维护文化生态系统间的平衡关系，还要注意文化生态系统的完整性。与非物质文化遗产相关的文化生态系统包括文化社区、文化空间、文化廊道、文化系统、自然环境与人文环境等方方面面。将非物质文化遗产落实到不同空间要素组成的文化生态系统中,并注意分析该项目与其所依附之生态环境是否已经出现问题,如果真的出现问题,应给予及时修复。

(四)文化生态保护区建设并不是孤立的存在,而是当地文化、社会、经济有机协调发展的一部分,故文化生态保护区建设要与区域经济、社会、文化全面发展相协调,与其他规划相协调,特别是要与当地国民经济和社会发展五年规划、国土空间总体规划相协调,与区域自然生态、物质文化遗产保护规划等专项规划相协调。要在地域发展的总体框架下,设计出符合当地经济、社会、文化发展相协调的非物质文化遗产和文化生态保护区保护规划。

## 六 文化生态保护区依重要程度不同大致可分为哪三个区?

虽然文化生态(地域)系统中包括多种不同地域类型,但为便于空间管理,参照国家级自然保护区空间管控办法,在文化生态保护区中,我们按非物质文化遗产名录项目及代表性传承人数量多寡及等级高低的不同,将文化生态保护区大致划分为核心区、缓冲区和涵养区三个部分。

### (一)核心区

文化生态保护区的核心区是指非物质文化遗产项目与代表性传承人数量最多、等级最高、资源最为集中的区域。核心区是文化生态保护区中的核心区域,它的工作除确保核心区非物质文化遗产项目能够得到有效保护与有序传承,确保文化生态基本平衡外,还要重点防范有可能对当地非物质文化遗产及其传承人造成严重伤害的外来文化的冲击。在文化生态保护区中,人们通常会选取若干个自然生态与人文生态保持较为完整,非物质文化遗产名录项目相对集中,且很少受到外来冲击并保留有良好文化生态的街道、社区、乡镇、村落的集中连片地区,作为文化生态保护区的核心区,并对它实施高级别保护。作为原则,凡会影响到这里的非物质文化遗产正常传承的外来文化事项是不允许擅自进入本区域的。

### (二)缓冲区

缓冲区是指环绕在文化生态保护核心区以外的非物质文化遗产项目及代表性传承人比较集中的区域。在缓冲区,同样拒绝那些会影响到非物质文化遗产原汁原味传承的外来文化。在文化生态保护区中,缓冲区的地位仅次于核心区,同样是文化生态保护区内需要重点保护、重点监控的区域。

### (三)涵养区

涵养区又叫"文化生态涵养区",是指文化生态系统的环境支持区,即为维护文化生态系统的平衡与完整而设立的环境支撑区。涵养区通常都会被设置在远离核心区的边缘地带,是各文化生态保护区中,保护非物质文化遗产的第一道屏障。

## 七 申报文化生态保护区至少应满足哪些条件?

根据《国家级文化生态保护区管理办法》,申报国家级文化生态保护区的条件是:

(一)传统文化历史积淀丰厚,具有鲜明地域或民族特色,文化生态保持良好;

(二)非物质文化遗产资源丰富,是当地生产生活的重要组成部分;

(三)非物质文化遗产传承有序,传承实践富有活力、氛围浓厚,当地民众广泛参与,认同感强;

(四)与非物质文化遗产密切相关的实物、场所保存利用良好,其周边的自然生态环境能为非物质文化遗产提供良性的发展空间;

(五)所在地人民政府重视文化生态保护,对非物质文化遗产项目集中、自然生态环境基本良好、传统文化生态保持较为完整的乡镇、村落、街区等重点区域以及开展非物质文化遗产传承所依存的重要场所开列清单,并已经制定实施保护办法和措施;

(六)有文化生态保护区建设管理机构和工作人员;

(七)在省(区、市)内已实行文化生态区域性整体保护两年以上，成效明显。

综上所述，准备申报文化生态保护区的地方，第一，这里应有众多的非物质文化遗产项目及代表性传承人，非遗项目不但种类多、数目大，还应是某种或数种非物质文化遗产的原生地或主要传播地；第二，在该区域内非物质文化遗产项目应具有相当的知名度，并有著名的代表性传承人传承。同时要有良好的生态环境；第三，该区域内的非物质文化遗产项目不但仍以活态形式传承至今，还应具有明显的原生态特征；第四，该区域内应有丰厚的物质文化遗产或自然遗产，并可以与当地的非物质文化遗产产生明显的互释关系；第五，当地政府与民众支持申报工作，具有较强的文化自觉精神，配备有相关的人员与保护机构，甚至具有一定的文化生态保护区保护经验。

## 八 如何理解文化生态保护区建设中抢救性保护这张牌?

保护非物质文化遗产就是保护民族最优秀的传统文化,这一点毋庸置疑。但问题是,如果我们在经费不足的情况下到底应该怎么办?答案也是明确的——集中精力,抢救濒危遗产。造成遗产濒危,大致有两个原因,一是因传承人濒危而导致的非物质文化遗产项目的濒危;二是因生态环境的濒危而导致的非物质文化遗产项目的濒危。但无论哪一种,都代表着中华优秀传统文化的一个重要类型即将消失。在这个时候,作为以保护民族文化基因为己任的非物质文化遗产保护工作者来说,我们的任务,就是集中精力将濒危遗产抢救下来。具体方法有二:一是加速非物质文化遗产项目活态传承的速度。如果我们意识到某项目已经步入濒危状态,可立即启动抢救键。在改善传承人生活条件的同时,对濒危项目中尚未掌握的技术,进行重点学习与挖掘。人手不足时,可以视情况增加人手,确保该项目的有序传承;二是非物质文化遗产保护部门运用现代科技手段,对该项目的相关技艺进行抢救式记录,同时,也要做好传承人的口述史记录工作。

## 九 如何用好文化生态保护区建设中的生产性保护这张牌？

所谓"生产性保护"，就是通过生产来确保非物质文化遗产项目的有序传承。能进行生产性保护的项目主要集中在传统技艺、传统美术、传统医药药物炮制技术等几个方面。当然，生产性保护也是有条件的，这个条件便是以确保非遗项目真实性、整体性为前提。生产性保护的最大优势是通过"走市场"，充分调动起了传承人传承非物质文化遗产的积极性，即解决保护的动力问题。在思路上，也从开始的"输血"（政府补贴）向"造血"的方向转化，这个转变值得我们充分肯定。

## 十 文化生态保护区建设中如何用好数字化保护这张牌？

所谓"数字化保护"，就是利用高科技数字技术，对非物质文化遗产项目进行文字、照片、录音、录像、数字化多媒体等多种形式的记录，通过对数据资源进行标准化输入、转化，进而实现系统化的整合、专业化的分类和信息化的存储。通过数据库等形式达到非物质文化遗产资源的数字化保存、管理、交换、利用，从而提高非物质文化遗产保护工作的效率和针对性。还有就是，一旦某个非遗项目出现较大程度的衰退或消亡，可以依据数字化记录信息，进行非遗项目的活化或重建。

## 十一、文化生态保护区建设中如何用好立法性保护这张牌？

所谓的"立法保护"，就是利用法律的权威性确保非物质文化遗产在保护、传承等过程中受到法律的保护。各文化生态保护区可在《中华人民共和国非物质文化遗产法》相关条款的基础上，结合本保护区的工作实际，由政府颁布出台一系列相关管理办法和政策措施，使本保护区的非物质文化遗产保护、文化生态保护区建设工作有法可依、有据可凭，并依法查处破坏非物质文化遗产、破坏文化生态的行为。

## 十二、为什么文化生态保护区建设一定要做好整体性保护工作?

目前关于整体性保护的表述,主要有以下几个方面:

(一)对非物质文化遗产区域性整体保护。(国家级文化生态保护区内)非物质文化遗产的整体性保护和传承发展;对非物质文化遗产代表性项目集中、特色鲜明、形式和内涵保持完整的特定区域,当地文化主管部门可以制定专项保护规划,报经本级人民政府批准后,实行区域性整体保护。

(二)对非物质文化遗产及其得以孕育、滋养的人文环境加以整体性保护。与非物质文化遗产项目密切相关的物质载体、文化场所以及自然人文环境等文化生态构成要素的整体性保护。

(三)对文化形态进行整体性保护。《文化部关于加强国家级文化生态保护区建设的指导意见》明确提出了"确定对重点区域进行整体性保护"的措施,"要注意保持重点区域的历史风貌和传统文化生态,不得改变与其相互依存的自然景观和环境。要注重非物质文化遗产的不同项目之间,非物质文化遗产与物质文化遗产之间,文化遗产与自然环境、人文环境之间的关联性,将单一项目、单一形态的保护模式,转变为多种文化表现形式的综合性保护"。这里的整体性保护强调保护环境，提倡对多种文化表现形式进行系统性保护。

（四）对确定（文化生态保护区内的）重点区域（自然生态环境基本良好、传统文化生态保持较为完整的街道、社区或乡镇、村落等）进行整体性保护。

文化生态保护区除了保护非物质文化遗产之外，还有非物质文化遗产存在的社会生活基础和自然环境以及相关文化群体。只有划定文化空间，采取分级、分类的保护方式，才能实现对非物质文化遗产的保护、传承和发展，促进地方文化繁荣、经济发展、社会和谐。

（五）整体性保护的内涵

第一，非物质文化遗产本身的全方位保护。任何一种工艺类非物质文化遗产，都是由多种技艺、多种工序共同构成的，只保护其中部分技艺和工序，是不能将其完整地传承下来的。第二，物质文化遗产的保护。物质文化遗产和非物质文化遗产都是祖先留下的宝贵财富，虽然在具体形式、内涵、功能上有所不同，但它们都是中华民族精神情感的衍生物，是同源共生、休戚与共的文化整体，我们不能将二者割裂开来，而应当同时加以有效的保护，才能继承完整的中华文化传统。第三，自然环境与人文环境的保护。中国民间许多习俗都与特定的自然环境与人文环境紧密相依，自然环境与人文环境是非物质文化遗产的物质载体。关注各种文化事项的发生、存在、发展的过程,就要求我们要注重非物质文化遗产项目本身与其依托环境的密切联系。第四,文化生态系统的整体性保护。文化生态系统是非物质文化遗产与传承人(群体)和自然环境与人文环境相互作用形成的具有显著地域特征的统一整体,是非物质文化遗产产生、传承与发展的"土壤",保护非物质文化遗产的文化生态整体性,是文化生态保护区建设的根本基础。第五,保护区民众主体性的培育。在外界力量介入时,需要当地民众的文化自觉,认同自己的传统与习俗,才能最终达到整体性保护的目的。当这种主体性与外界的非物质文化遗产保护意图相违背时,被保护的非物质文化遗产就可能变成无主体的文化空壳。

## 十三 统计文化生态保护区中的非遗项目能告诉我们哪些信息？

要想了解文化生态保护区非物质文化遗产的存续情况，就必须对区内非物质文化遗产项目做到心中有数。从统计中，不仅可以使我们看到非物质文化遗产在类别上的分布规律，还可以使我们了解到当地非物质文化遗产的存续状况等重要信息。

下面以湘西土家族苗族文化生态保护区为例，看看保护区的非物质文化遗产项目是如何进行分类分级统计的。截至2013年5月，湘西的四级非物质文化遗产名录项目总计386项，包括国家级项目24项、省级项目46项、州级项目132项、县级项目184项。（见表1）

表1 湘西自治州非物质文化遗产项目类型统计表

| 项目级别 | 民间文学 | 传统音乐 | 传统舞蹈 | 传统戏剧 | 曲艺 | 传统体育游艺杂技 | 传统美术 | 传统技艺 | 传统医药 | 民俗 | 总计 |
|---|---|---|---|---|---|---|---|---|---|---|---|
| 国家级 | 4 | 4 | 3 | 1 | 0 | 0 | 4 | 4 | 1 | 3 | 24 |
| 省级 | 10 | 1 | 5 | 3 | 1 | 2 | 6 | 8 | 1 | 9 | 46 |
| 州级 | 6 | 12 | 12 | 6 | 3 | 9 | 4 | 43 | 2 | 25 | 132 |
| 县级 | 17 | 11 | 11 | 7 | 14 | 16 | 20 | 45 | 3 | 40 | 184 |
| 总计 | 47 | 28 | 31 | 17 | 18 | 27 | 34 | 100 | 7 | 77 | 386 |
| 百分比 | 12% | 7% | 8% | 4% | 5% | 7% | 9% | 26% | 2% | 20% | 100% |

从表1我们可以看出，湘西土家族苗族自治州的非物质文化遗产主要呈现如下特征：

（一）从级别看，湘西州非物质文化遗产项目涵盖了各个层级，其中国家级、省级、州级以上非遗名录项目多达202项，占全部名录项目的近53%。这说明该保护区的非物质文化遗产名录项目在等级上是比较高的，这也就从质量上奠定了湘西土家族苗族自治州申报国家级文化生态保护区的基础。

（二）从类型看，首先，传统技艺类项目数量最为丰富，共占全州名录项目的26%，说明这些项目仍有自己的市场，不但处于活态传承状态，而且是以"生活态"的形式传承至今，这对于非物质文化遗产来说是非常可贵的；其次，这里自娱自乐型传统表演艺术非常发达，传统音乐、传统戏剧、曲艺、传统舞蹈类项目共占当地非物质文化遗产名录项目的24%，说明这里的商业氛围并不重，传统表演艺术基本上还处于一种原生状态，这对于以保护非物质文化遗产原生态为己任的我们来说，无疑具有更高的历史认知价值。但问题也是非常明显的，这里表演艺术的水平并不是很高，在艺术价值上的缺陷也是明显的；再次，作为地处偏远的民族地区，这里的民俗类项目非常丰富，数量可以占到非遗名录项目总量的20%，说明这里的非物质文化遗产基本上还处于一种原生状态。

（三）从功能看，这里的非物质文化遗产始终是作为当地文化的一部分呈现在我们面前的，绝大多数非物质文化遗产尚未从民众的日常生活中剥离出来并作为艺术而单独存在。

（四）从价值看，这里的非物质文化遗产因为大多还保持在原生状态，并不存在大规模改动，所以在诸多价值中，它们更具历史价值、科学价值、社会价值，对研究当地少数民族的独特审美和他们的文化传统，也都具有重要的认知价值。

# 二、溯源篇

# 一 文化生态保护区理念是什么时候提出的？

文化生态保护区这一整体性保护理念最早源于19世纪30—70年代的自然环境保护运动。1866年，德国博物学家、达尔文进化论的坚定捍卫者和传播者恩斯特·海克尔（Ernst Haeckel，1834—1919），在《生物体普通形态学》一书中提出"生态"一词，并对"生态学"（ecology）和"生物分布学"（chorology）等名词给出了明确定义。他认为所谓"生态"是指联结生物及其生活环境的一种联系方式。在他看来，生物及其所属环境是一个有机的"自然整体"。

为从整体上保护人类共同的自然及文化遗产，1851年，美国纽约中央公园立项，1872年，美国第一个国家公园——黄石国家公园（Yellowstone National Park）诞生。1909年，保护自然环境的国际会议在巴黎举行。而1929年"自然保护国际办公室"的建立，标志着自然遗产保护运动的开始，同时也标志着区域性整体保护理念的诞生。

## 二 文化生态保护区保护理念是什么时候初步形成的？

在文化遗产保护领域，对于文化遗产实施整体保护的想法，始于1906年法国颁布的《历史文物建筑及其具有艺术价值的自然景区保护法》，而1930年的修订版又将这一理念延伸到了"自然景观"等领域。

1933年，国际现代建筑协会颁布《雅典宪章》。在该《宪章》中提出了对"有历史价值的古建筑和历史街区"实施整体保护的想法。这里所说的"整体保护"，包括了两方面含义：一是对历史建筑实施整体保护，二是要对历史建筑的周边环境实施整体保护。

1962年，法国颁布《历史街区保护法》。在这部法律中，"保护区"概念被明确地确定下来。而保护范围也从原有的历史建筑周边500米，扩展到了与历史建筑有关的整个环境。此后，欧洲诸国再次掀起保护区立法工作新高潮。丹麦、比利时、荷兰分别于1962年、1963年、1965年，在各自国家的《城市规划法》中划定了历史建筑保护区。整体保护的理念再一次受到了来自法律的保护。

1964年联合国教科文组织颁布的《威尼斯宪章》，进一步强化了对文化遗产实施整体保护的重要。认为文物古迹"不仅包括单体建筑，同时也包括能够从中找出一种独特文明、一种有意义的发展或是作为一个历史事件见证者的城市或乡村环境"。这是因为文化遗产的保护"不能与其所见证的历史和其产生的环境相分离"。也就是说，在《威尼斯宪章》中，不但强调了对文化遗产的保护，同时也提到了对文化遗产赖以生存的各种环境实施同步保护。由此不难看出，文化遗产界的整体保护理念在此时已经形成。

1970年，联合国教科文组织开展"人与生物圈计划"（MAB），该计划的目的在于促进世界范围内人与环境关系的改善，并通过这种方式来保护生物物种与自然环境的多样性。该计划提出了一个全新概念——生物圈保护区，目的在于将自然保护区与社区发展有机结合起来，对文化遗产与自然遗产实施整体保护。

同年，美国国会正式批准建设国家公园系统，该系统以1872年黄石公园的诞生为起点，囊括了全国各地顶级的自然、历史和休闲空间。美国国家公园管理局将自然遗产和文化遗产视为一个整体，进行整合式的确定、区域性管理的模式，对后来各种各样的文化保护区建设发挥了重要作用。

1971年由法国人索瓦·于贝尔和乔治·亨利·维埃里提出"生态博物馆"理论。这里所说的"生态"，既包括自然生态，也包括人文生态。在他们看来，在保护一国传统的过程中，只保护文化本身是远远不够的，在保护文化自身的同时，还要保护好与文化息息相关的环境，只有这样才能确保文化遗产的真实性、完整性和原生性。

1972年《世界文化和自然遗产保护公约》颁布，这是人类历史上首次将文化与自然遗产共同纳入国际性法规并实施同步保护的开端。1977年，在此后的《操作指南》中又加入了"文化自然双遗产"概念。至此，文化遗产保护运动和自然遗产保护运动双力合一。近百年人类遗产保护运动发展史告诉我们，人类对自身遗产的保护，经历了一个从单一保护到整体保护、从对文化遗产实施单一保护到对文化、自然遗产实施双重保护的过程，在保护深度上也经历了一个从静态保护到活态保护的过程。实际上，在当时，"文化生态保护区"的理论虽未明确提出，但文化生态保护区的保护理念已经形成。

## 三 文化生态保护区保护理念是从什么时候开始逐步深化的？

1976年，欧洲议会决议案提出"整体保护"理念。1981年、1987年国际古迹理事会全体大会分别通过了《佛罗伦萨宪章》《华盛顿宪章》，强调对城市历史文化保护要与社会发展相结合，在对文化遗产的保护上，也从以往的只对单一的物质文化遗产的保护，扩展到了同时也要对文化遗产所属自然环境与人文环境实施整体保护。

1989年，联合国教科文组织颁布的《关于保护传统文化与民俗的建议案》，则进一步强调了民俗作为人类文化遗产和活态文化重要组成部分所具有的特殊性和重要性，这也是对人类文化遗产保护体系的一次重要拓展。

1993年，联合国颁布的《生物多样性公约》，进一步强调了保护生物资源的多样性，并以此造福子孙后代的重要性。而联合国教科文组织2001年颁布的《世界文化多样性宣言》，第一次将保护人类文化多样性与保护生物多样性放到了同等重要的位置。

1998年联合国教科文组织颁布《人类口头与非物质遗产代表作条例》，2003年颁布《保护非物质文化遗产公约》，把非物质文化遗产正式纳入人类文化遗产保护范畴。《公约》进一步充实了《保护世界文化和自然遗产公约》内容。而与此同时，联合国教科文组织在《非物质文化遗产代表作申报书编写指南》中提出的"文化空间"概念，也进一步强调了整体保护对于保护非物质文化遗产的重要。可以说，我们所说的"文化生态保护区"，实际上就是"文化空间"概念的拓展和延伸。至此，人类对物质文化遗产的保护、对自然遗产的保护以及对非物质文化遗产的保护最终实现了三力合一。这一全新格局的形成，标志着人类对自身遗产的保护已经进入了一个全新的纪元。

在文化生态保护区建设中，我们保护的重点虽然是非物质文化遗产，但同时我们也确实注意到了物质文化遗产、自然遗产与非物质文化遗产所具有的内在联系。实际上，在现实生活中，物质文化遗产、非物质文化遗产以及自然遗产，确实形成了一个互利共生、相辅相成的文化统一整体。对于其中的任何一种遗产而言，其他两类遗产都很可能与它互为环境。我们强调同步保护的本身，就意味着既要保护好某遗产，同时也要保护好与之息息相关的依存环境。而此后的就地保护原则的提出，也进一步强调了保护依存环境的重要性。举例来说，作为非物质文化遗产保护工作者，只保护《泰山传说》是远远不够的，还要保护好这个传说所依附的自然与人文环境——自然层面的泰山和文化层面的泰山，只有这三方面都得到了科学保护，泰山这个人类遗产，才能真正地保护下来。

## 四 为什么说国家公园建设是文化生态保护区保护理念的最早实践？

国家公园是指国家为保护一个或多个典型的生态系统而划定的需要特别保护、管理和利用的自然区域，建设它的目的是为公众旅游、科研、教育、娱乐提供一个更加原生态的考察场所和体验场所。但就其本质而言，国家公园建设的首要目的还是要保护好当地的生态环境、自然资源。而只有排斥大规模的商业性开发，才能确保各国国家公园生态系统的完整性。

美国黄石国家公园是世界上第一个国家公园。它始建于1872年。目前，美国国家公园已经发展到了57个。美国国家公园的主管部门是美国国家公园管理局（National Park Service），它隶属于美国内政部，主要负责美国境内的国家公园、国家历史遗迹、历史公园等自然及历史文化遗产。其基本功能是：

（一）保育自然环境；

（二）保存物种及遗传基因；

（三）促进旅游，繁荣地方经济；

（四）促进学术研究及环境教育。

经过100多年的发展，目前，国家公园建设已经成为一项具有世界性和全人类性的自然文化遗产保护运动，并由此形成了一系列值得借鉴的保护理念和保护模式。在这个过程中，人们的保护理念发生了很大变化：

从保护对象看，人们已经从最初的对视觉景观的保护走向了对生物多样性的保护；

从保护方法看，人们已经从消极保护走向积极保护；

从保护队伍看，人们已经从政府保护走向多方参与保护；

从保护空间看，人们已经从单一保护走向系统性保护。

在美国国家公园保护模式的示范下，目前世界已有100多个国家或地区设立了近千座国家公园。

## 五 为什么说生态博物馆建设是国外文化生态保护区建设的重要实践？

1971年，法国博物馆界的两位领军人物乔治·亨利·里维埃和于格·德·瓦兰提出了与传统博物馆概念相去甚远的生态博物馆概念。他们认为，传统的博物馆是将各种文化遗产搬到一个特定的博物馆内，进行静态展示。由于这些遗产脱离了原有的主人和环境，因而也就失去了其原有的功能，而生态博物馆所强调的是，不要将我们所要保护的文化遗产搬离原生环境，而是让它原封不动地活在原有的生活中，并与周边环境一道，受到精心保护。截至目前，世界上共有生态博物馆300多座，其中西欧和南欧约70座（主要集中在法国、西班牙、葡萄牙），北欧约50座（主要集中在挪威、瑞典和丹麦），拉丁美洲约90座（主要集中在巴西和墨西哥），北美洲约20座（主要集中在美国和加拿大）。此外，在其他国家和地区也有部分生态博物馆存在。

生态博物馆对于文化生态保护区的启迪在于，它们都意识到了对文化遗产实施整体保护的重要性。这里所说的"文化遗产"，既包括深宅大院这样的物质文化遗产，也包括歌舞小调、竹编木雕技艺这样的非物质文化遗产，而且它们同时也注意到，只要让文化遗产活在当下，它就是"活的"，只要"活着"，一个民族的传统就能在活态传承中延续下去。如我国第一座生态博物馆——梭戛苗族生态博物馆，以及贵州镇山村布依族生态博物馆等，都是以村寨作为整体予以保护的，它们体现了"见人见物见生活"的活态保护理念。

## 六 中国是从什么时候开始接受文化生态保护区建设理念的?

中国对联合国教科文组织倡导的整体保护理念很早就给予过回应。2004年4月8日，中国文化部、财政部联合发出《关于实施中国民族民间文化保护工程的通知》，并在附件《中国民族民间文化保护工程实施方案》中提出文化生态保护区的建立问题。该《方案》明确指出：准备"在民族民间文化形态保存较完整并具有特殊价值、特色鲜明的民族聚集村落和特定区域，分级建立文化生态保护区"。在2006年颁布的《国家"十一五"时期文化发展规划纲要》中明确提出"文化生态保护区"概念，将"确定10个国家级民族民间文化生态保护区"作为这一时期的文化发展战略。可以说，设立文化生态保护区是贯彻落实《国务院关于加强文化遗产保护的通知》(国发〔2005〕42号)和《国务院办公厅关于加强我国非物质文化遗产保护工作意见》(国办发〔2005〕18号)精神，加强文化遗产保护，促进文化发展与繁荣，推动生态文明与社会和谐发展的一项重要任务，是我国非物质文化遗产保护模式的又一探索。设立文化生态保护区，加强对于本国文化生态的保护，不仅有利于推动非物质文化遗产的科学保护、传承发展,同时也有利于提高人们的文化自觉,增强民族凝聚力,维护中华文化多元一体格局的发展与繁荣,进而促进经济社会的协调发展。所以我们说,尽管"文化生态保护区"建设是近几年才搞起来的,但这一概念的提出却有着强大的理论支撑和悠久的历史渊源。

## 七 文化生态保护区理论形成示意图

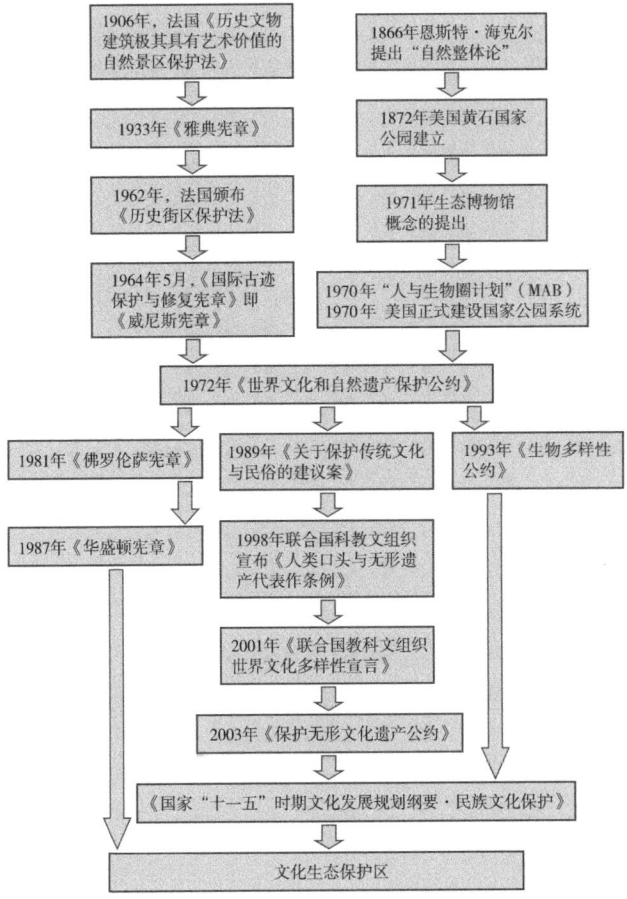

# 三、重点篇

# 一 为什么说文化生态保护区建设重点是保护非物质文化遗产赖以生存的生态环境？

文化生态保护区建设与以往非物质文化遗产保护的最大不同，就是通过区域性整体保护，为非物质文化遗产营造出一个更加适合其生长的生态环境。这既是文化生态保护区的工作重点，也是文化生态保护区的工作难点。

我们所说的"生态环境"大体包括"自然生态环境"与"人文生态环境"两大部分。不同的项目对这两大环境的依赖度会迥然不同。

有些非物质文化遗产项目对自然生态环境的依赖度非常高。如中国的宣纸生产就高度依赖安徽泾县所产青檀树树皮和长秆稻稻草的供应。近年来，由于青檀树皮料和长秆稻稻草供不应求，以及其替代产品龙须草的大量涌入，已经严重影响到了当地宣纸的质量。同样，许多国家级非物质文化遗产项目如宜兴紫砂陶制作技艺、中药炮制技术等，也都不同程度地遭遇到了因地道原料不足而影响产品质量的问题。因此，恢复其应有的自然生态环境，便成了保护这类非物质文化遗产有序传承的重要抓手。建议政府从政策层面做好优质原料保障工作，如可以鼓励他们建设各种各样的原料种植基地或生产基地,也可以从政策层面确保非物质文化遗产传承人具有优质原料的优先采购权。

有些遗产对人文生态的变化非常敏感。在文化生态保护区的走访过程中,我们发现许多地方历史上十分红火的传统表演艺术——如踩高跷、划旱船、舞狮、舞龙、威风锣鼓、民间小戏等,并没有想象中的那般红火。问及原因,才知道作为这些表演艺术重要载体的当地庙会在近些年受到了重重限制。正如近期发生的上海外滩踩踏事件为一些地方政府取缔传统庙会找到了借口一样,这类遗产非常容易受到当地人文环境或政治因素的影响。这些庙会活动一旦叫停,将意味着依靠庙会而生的许许多多的非物质文化遗产项目——地方小戏、民间舞蹈,甚至包括传统手工技艺以及各种各样的传统美食,都会因载体的消失而彻底消失。

由此可见,许多非物质文化遗产之所以传承艰难,有时原因并不在遗产自身,而在于其赖以维生的生态环境。政府要想从根本上解决非物质文化遗产传承难的问题,就必须在文化生态的修复上做足文章。

## 二 为什么说文化生态保护区建设的本质就是强调对非物质文化遗产的整体性保护？

文化生态保护区建设所强调的是对非物质文化遗产及其所在环境实施整体性保护。故而，至少从理念说，它是一个值得期许的保护模式。但从实际操作看，效果并不理想。原因是有关部门或责任主体并没有真正意识到文化生态保护区保护模式与以往的非物质文化遗产保护模式区别何在。其实，文化生态保护区建设所强调的是为非物质文化遗产，特别是为那些濒危遗产营造出一个更加适合它们生长的生态环境。如在传统医药类遗产保护方面，现在真正的瓶颈是制度上的瓶颈——不许传承人行医。要想从根本上解决这个难题，就应该打破这个瓶颈，允许传承人行医，允许传承人所传"祖传秘方"进入当地中成药市场，允许更多有条件的高等院校开设中医药课程。只要这个生态环境得到修复，中国的中医药很快就能发展起来。

## 三 文化生态保护区生态修复的近期目标是什么？

文化生态保护区生态修复的近期目标是恢复非物质文化遗产原有的生态环境，减少城镇化、工业化、信息化对非物质文化遗产保护传承的影响，而不是通过所谓的"创新"，为非物质文化遗产创造新的传承场所。事实证明，任何一种破坏非物质文化遗产原生环境的创新行为，都会对非物质文化遗产的有序传承造成不必要的破坏。与此同时，我们还要对非物质文化遗产项目相对集中、自然生态保持良好、传统文化生态较为完整的乡镇、村落、街区等重点区域以及开展非物质文化遗产传承所依附的重要场所，做好原生态修复与保育工作，让非物质文化遗产以原有的样子在民间传承。在这个过程中，要充分发挥当地老艺人的积极性，要"还俗民间"，让"民间"成为非物质文化遗产活态传承的真正主人。

## 四 文化生态保护区亟须抢救的主要项目类型有哪些？

按原文化部非物质文化遗产十分法，有两类非物质文化遗产没有政府的投入是很难传承下去的。这两类项目便是"戏剧"和"曲艺"。历史上，艺人们是为养家糊口才学习这两门手艺的。所以，即或需要花上三五年的时间去学习，也不乏相关的从艺者。但在传统艺术日趋萎靡的今天，当人们即使花上三到五年的时间学艺，出徒后也仍然无法借此养家糊口时，这两门手艺也就成了无人问津的死地。目前，除纳入国家财政且全额拨款的大型剧种外，绝大多数传统小戏和曲艺，基本上都是靠着老艺人们的爱好勉强传承着这些古老的非遗项目。照此下去，不出十年，中国的许多曲艺与戏剧品种，都会因缺乏政府专项资金的扶持而陆续消失。需要特别指出的是，与许多政府院团相比，这些草台班子所传剧目更多，传承状态也更加原汁原味，是极为理想的保护对象。建议各级政府通过将这部分人员纳入当地院团，或是按场次给予一定补贴等方式，从根本上解决这两类遗产后继无人的问题。

## 五 为什么说改善非物质文化遗产传承的人文生态非常重要?

许多非物质文化遗产的活态传承是需要特定的人文环境的。如传统节日庙会以及各种人生礼仪是传统表演艺术、民间美术、传统饮食文化的重要载体。没有这些载体，上述遗产很难传承下来。要想从根本上解决问题，最简单的办法就是将传统庙会、人生礼仪恢复起来。与政府的投资相比，政策投入更显重要——只要我们的某些地方政府能够正视传统，宣传传统，以祭祀历史英雄、文化精英、道德楷模为主旨的传统庙会活动，和以增进家族成员责任意识、促进家族和谐建设的传统人生礼仪，很快就能恢复起来。传统庙会、传统人生礼仪恢复了，与之相关的传统表演艺术、传统工艺美术、传统时令小吃自然也就传承下去了。

# 六 如何才能重点修复非物质文化遗产项目的受损基因？

非物质文化遗产与物质文化遗产一样，具有重要的历史认知价值。文物不能改，非物质文化遗产中包含的中华民族的优秀文化基因当然也不能改。但由于理念的错误，因政府投入而出现的问题并不少。譬如历史上的民歌手原本都是金嗓子，某些地方政府为了鼓励他们，一高兴买了一堆麦克，结果金嗓子没有了；某些地方政府一高兴买了一堆舞蹈服，结果极富地方特色的传统行头没有了；某些地方政府一高兴建了皮影博物馆，把皮影行头都放进了博物馆，结果皮影的表演艺术、演唱艺术、伴奏艺术也没有了。由此可见，由于我们不懂非物质文化遗产传承规律，政府的好心投入往往就变成了破坏。这就要求我们的政府部门在投入之前，一定要先弄清非物质文化遗产传承规律，弄清哪些可以投入，哪些不能投入，只有这样才能确保非物质文化遗产项目的原汁原味。

## 七 为什么说文化生态保护区要警惕外来"物种"入侵？

在文化生态保护区建设过程中，坚持正确的保护理念非常重要。这个理念就是要将文化生态保护区建成一个努力减缓外来文化冲击的相对封闭的文化生态系统。封闭的原因很简单：这些文化生态保护区所保护的非物质文化遗产项目，代表了中国传统文化中最具典型意义的文化特质，其中蕴含了中华民族不可多得的优秀文化基因。为减缓外来文化对这些本土优秀传统文化的迅猛冲击，我们才不得不动用政府的力量，将它们保护起来。考察其他国家各类文化生态保护区，他们的做法基本上也是从"封闭"开始的。

当然，在是否将文化生态保护区建成一个相对"封闭"系统这个问题上，学术界并非没有争论。许多学者担心，这样做是否意味着会将那些当地人从此隔离起来，让他们远离现代，去过"原始人"般的生活？其实这是个误解。我们所说的"封闭系统"，并不是一个风吹不进、水泼不进的全封闭系统，而是一个相对封闭的系统。它要阻隔的，也不是人们常说的"现代化生活"，而是那些有可能成为当地文化遗产"天敌"的某些外来"物种"或是容易对当地遗产造成严重威胁的外来"文化生态因子"。例如在侗族大歌之乡，我们所要阻隔的只是有可能对侗族大歌造成巨大冲击的美声唱法；在汉剧之乡，我们所要阻隔的只是有可能对本土汉剧造成巨大冲击的外来剧种；在剪纸之乡，我们所要阻隔的也只是有可能对传统手工剪纸造成巨大冲击的大机械化剪纸生产流水线。除此之外，当地人尽可享受现代化生活。我们建立文化生态保护区的目的，不是让当地民众远离现代，而是让他们充分意识到自己的"所长"，并利用这些"所长"，参与到祖国的现代化建设中来。因为也只有这样，他们才能凭借着自身的传统优势，在现代化发展进程中走得更快、更稳、更远。需要说明的是，现代化并不是特指某种生活模式，而是某种生活水平。只要我们达到了某种生活水准，即或我们不会使用电脑，我们也可以自豪地说：我们已经过上了现代化生活。将文化生态保护区建成一个相对封闭的文化生态系统，既是文化生态保护区建设的逻辑起点，也是文化生态保护区建设的终点。那些试图大力引进外来文化或文化生态因子的想法与做法，到头来只能使文化生态保护区建设走上一条"不归路"。

## 八 为什么说文化生态保护区要警惕外来"文化生态因子"的入侵？

要想保护好文化生态保护区中的非物质文化遗产项目，不但要警惕外来"（非优秀或腐朽、邪恶）文化"的入侵，同时也要警惕外来"文化生态因子"的入侵。由于理念错误，近些年来，有些文化生态保护区的人文生态非但没有改善，反有越来越糟的迹象。原因之一，就是一些地方政府在文化生态保护区建设过程中，并没有从非物质文化遗产这只"小虫子"的立场出发，看看它们需要怎样的文化生态，而是从自己的好恶出发，为"小虫子"们铺设起一片又一片的外来"草坪"。打开一些文化生态保护区总体规划与建设方案不难发现，这些规划的兴趣并不是要恢复多少老字号、老作坊、老戏班子、老中医诊所，而是一门心思地兴建各种各样的非物质文化遗产开发中心、传承中心以及各种各样的非物质文化遗产公园，并以此取代非物质文化遗产赖以存活的原有文化生态环境。在某地区，少男少女谈情说爱都是以对唱情歌的方式进行的。每到傍晚，外村男孩子们就会三五成群跑到邻村与少女们欢聚。在什么地方约会呢？到女孩家，卿卿我我，父母孩子不够方便；到荒郊野外，父母又不放心。故按当地习俗，这个时候少男少女都会聚集到本村寡妇家，在这里谈情说爱。但随着政府的介入，所有的对歌活动都要在政府指定的"传习所"进行。茶没得喝，果子没得吃，谈情说爱也没了原有的氛围。谈情说爱变成了给政府"打工"，就连往日开门迎客的寡妇们也因不再有年轻人光顾而变得郁郁寡欢。就这样一个看起来并不起眼的外来文化生态因子的引入对当地文化生态的改变，居然就会让当地民众变得如此不适。可见，外来文化生态因子的入侵同样会影响到非物质文化遗产的正常传承。这一点与许多城市公园一旦铺上美国草坪，中国固有物种就会因生态环境的不适或逃之夭夭，或过早夭折是同一个道理。在文化生态保护区建设中，为本土非物质文化遗产营造出一个舒适的人文环境是非常重要的。

## 九 为什么说文化生态修复需要打好"政策调整"与"资金投入"这记"组合拳"?

文化生态保护区建设是个系统工程,需要大规模资金投入。与日韩等国相比,我们对非物质文化遗产的资金投入甚少。但从另一方面看,文化生态保护区建设仅凭资金投入不可能从根本上解决问题,更多的情况是,需要我们通过"政策调整"与"资金投入",打出一记更加灵活有效的"组合拳",从根本上解决文化生态保护区建设过程中的难题。如要想解决戏剧、曲艺传承难的问题,需要打政策"收编"与资金投入这样一记"组合拳";要想解决传统中医药传承问题,需要打授予"传承人行医资格"、允许"传承人开办专科诊所"以及"祖传秘方可以上市"这样一记政策优惠和资金投入"组合拳"。事实将会证明,"政策调整"与"资金投入"这记"组合拳",更容易从根本上解决非物质文化遗产"传承难"的问题。

## 十 为什么说文化生态保护区建设需要"整体观"?

中国文化生态保护区有一条不成文的规定:重点保护国家级非物质文化遗产。强调重点的初衷也许是好的,但在现实中,这种一厢情愿的想法并不适用。作为一个国家级文化生态保护区,生活在其间的各类文化遗产经过长期磨合,已经形成了一个完整的文化形态。有时,它们所呈现出的是某种互补关系。如汉剧与汉乐就是客家地区的一对儿姊妹花。汉剧缺少琴师,从汉乐班子调个琴师即可。有时会呈现出某种共生关系,如宁波沿海地区流行的民间传说与当地流行的各种拳法,均与历史上的那段抗倭历史相关。有时它们呈现出某种寄生关系,如乡间的传统表演艺术——无论是曲艺、戏曲,还是舞狮舞龙、踩高跷、划旱船,通常都会寄生在传统节日庙会这样一类文化场所上。一旦庙会被禁,这些表演艺术就会因载体的消失而彻底消亡。总之,要想保护好非物质文化遗产,就必须充分意识到非物质文化遗产各"类别"间的必然联系,并从文化生态修复角度入手,对它们实施整体性保护,否则,文化生态保护区建设也就失去了它应有的意义。

## 十一 如何确保非物质文化遗产依存的文化生态系统的完整性？

一个地区的非物质文化遗产能否以活态形式传承下去，需要多种因素，其中最重要的一项，就是看当地非物质文化遗产赖以生存的文化生态系统是否完整。

相比较而言，地处偏远常常是一个地区文化生态能够完整地保存下来的重要条件。由于地处偏远，特别是由于山重水隔，许多偏远地区的非物质文化遗产是很少受到外来文化的冲击的。在这样的文化生态环境中，各项非物质文化遗产项目就会因原有功能的保持而获得稳定的传承。譬如湘西土家族苗族文化生态保护区所处的就是这样一种文化生态环境。在这里，高耸的山峰、湍急的河流就像一座座天然的屏障、一道道天然的沟壑，有效地减缓了外来文化对湘西土家族苗族传统文化的冲击；而神秘莫测的巫俗信仰也有效地支撑了当地传统文化的活态传承，使得这里很多与巫俗有关的传统节日（如土家族舍巴日、苗族椎牛祭、苗族赶秋、古丈跳马节等）、传统仪式（如苗族跳香、苗族接龙、八部大王祭等）、传统舞蹈（土家族摆手舞、湘西苗族鼓舞、湘西土家族毛古斯舞等）、传统音乐（土家族咚咚喹、绷绷妥、白沙瓦乡山歌、土家语山歌等)、传统体育竞技(如苗族武术、上刀山下火海以及土家族梯玛绝技等)都被很好地保存了下来。由此不难看出,一个地区非物质文化遗产项目是否能传承下来,所依生态环境是否完整是一个十分关键的要素。

## 十二 如何利用好非遗项目间的互补关系来保护非物质文化遗产？

在非物质文化遗产传承过程中，有时仅仅凭借着某些非物质文化遗产项目是远远不够的，有时还需要我们通过再找些非遗项目来帮忙，同时利用它们之间长期形成的"互补"关系，确保非遗项目的有序传承。譬如，为节省劳动成本，乡下的许多草台班子的演员都不是长期不变的"固定"关系，而是一种准固定的松散关系：平时在家务农，一旦有了演出活动，班主就会马上组人前去演出。演出团体的绝大多数人是相对固定的，但也有个别人关系相对松散，更多的情况是戏班子间的相互借用。这种互补关系在手工技艺行业也非常常见。譬如做一把宝剑，不仅需要铁匠，同时也需要制作剑鞘的木匠、漆匠，甚至是皮匠。这些人虽然并非同处一个作坊，但互补关系却为他们打造了一个手工艺共同体，并使他们各自的手艺在互补中发挥到极致。

## 十三　如何利用好非遗项目间的共生关系来保护非物质文化遗产？

在同一区域内，具有共生关系的非遗项目并不少见。道理很简单：一个地方如果有了某种需求，人们就会从各自角度出发去努力回应这些需求。于是，围绕着庙会的祭神仪式，便有了舞龙、舞狮、踩高跷、划旱船、唱豫剧、唱河南坠子等各种各样的民俗表演艺术。而因共同信仰、共同商业利益组成的表演团体，也就具有了某种共生关系。他们彼此间的相互帮衬，就是最好的说明。

## 十四　如何利用好非遗项目间的寄生关系来保护非物质文化遗产？

在文化生态保护区的建设中，有许多项目是具有寄生关系的。如云南剑川以大木作闻名，制作雕花门板的作坊非常多。但作为一般人，人们想到的至多也就是如何保护好这些远近闻名的木雕手艺。但在这个时候，作为专家他们还会通过寄生学原理想到另一个问题——既然这里的木雕如此出名，这里就一定还会有寄生在这个项目上的其他手工技艺。在剑川调查时，我们还真找到了一个，这便是木雕工具制作技艺。历史上，由于剑川木雕的出货量很大，作为耗材的木雕工具的消耗量也十分惊人。由于有现成的销售市场，剑川木雕工具制作技艺也十分发达。尽管今天的物流已经抵达这里，许多人用的雕刻工具也可以从外地直购，但真正出名的工匠所使用的木雕工具仍然是当地铁匠制作的雕刀。这些雕刀虽其貌不扬、价格不菲，但由于当地铁匠十分了解当地木雕名家的用刀习惯，所以，即或时至今日，也仍然是当地能工巧匠们的首选。同样，作为宣纸制造之乡的泾县，除宣纸外，同样存在着寄生于宣纸产业之上的手艺，这便是抄纸所用的竹帘编制技艺。除手工技艺、表演艺术之外，传统民俗活动也多依附于当地的传统庙会，并与庙会形成典型的寄生关系——它们都会寄生在庙会之下的，没有庙会，也就没了它们。对于非遗保护而言，利用好这一寄生关系，对于保护当地的民俗类非遗项目无疑也是非常重要的。

从上面的分析不难看出，作为文化生态保护区，生活在其中的各类非物质文化遗产都是经过长期磨合而慢慢形成的一个完整而稳定的文化生态系统。各项目间有时会呈现出某种互补关系，有时会呈现出某种共生关系，但在更高层次的非遗项目面前，它们更像是一种寄生关系——它们都共同寄生在更高层级的非遗项目之下——如打制木雕刀具的项目寄生在木雕项目之下，竹帘编制技艺寄生在宣纸制作技艺之下，舞龙、舞狮、踩高跷、划旱船寄生在庙会之下。只要木雕技艺、宣纸制作技艺以及传统庙会还在，木雕刀具制作技艺、竹帘编制技艺以及舞龙舞狮技艺就不会消失。寄生关系理论告诉我们，要想保护好非物质文化遗产，一定要保护好它们的寄主，寄主出了问题，寄生在它们身上的非物质文化遗产就会因为寄主的消亡而彻底消亡。

总之，弄清寄生理论，不但可以使我们发掘出更多的非遗项目，还可以使我们在非遗保护过程中，利用这种寄生关系，对非物质文化遗产实施更全面的保护。

#　四、规划篇

## 一 我国的空间规划体系包括哪些内容？

规划体系是规划编制、实施、修改、评估、监督的整个过程，会涉及技术、管理和法规等方方面面。在我国，随着空间规划体系的调整、"多规合一"的深入推进，自然资源部的成立，机构改革的加快完成，原有的各种类型、不同层级的空间规划，会逐步统一到发展规划与国土空间规划体系中来，从而实现真正的"多规合一"。

国土空间规划体系建立前，我国实行的空间类规划主要涉及主体功能区规划、城乡规划、国土整治及土地利用规划、生态及环境保护规划等。各规划在其职能范围及法规约束下形成各自的规划体系。主体功能区规划分为国家、省区两级规划。城乡规划主要分为国家、省区、市县、乡镇、村庄五级规划，其中又包含城镇体系规划、城市（含各类开发区）总体规划、控制性详细规划、修建性详细规划、专项规划、建设规划等各类规划。其中，国家、省区、市县编制城镇体系规划，市县城镇编制总体规划、控制性详细规划、修建性详细规划、专项规划，乡村编制建设规划为主。国土规划又分为国家、省区两级规划；土地利用规划分为国家、省区、地市、县、乡五级规划，包含总体规划、专项规划、详细规划三类。生态功能区划分为国家、省区两级规划试点编制;环境保护规划作为国民经济和社会发展五年规划的专项规划,又可分为国家、省、市(县)编制。

文化生态保护区规划属于区域性专项规划,以保护非物质文化遗产为核心,通过空间划定与空间管控等措施,对区域内非物质文化遗产及其所依存的文化生态进行整体保护,同时协调区域经济社会发展,应纳入我国的空间规划体系之中。

中共中央、国务院《关于统一规划体系更好发挥国家发展规划战略导向作用的意见》(中发〔2018〕44号)提出:

(一)明确规划功能定位,理顺规划关系。立足新形势新任务新要求,明确各类规划功能定位,理顺国家发展规划和国家级专项规划、区域规划、空间规划的相互关系,避免交叉重复和矛盾冲突。国家级专项规划、区域规划、空间规划,均须依据国家发展规划编制。

(二)强化规划衔接协调。建立健全规划衔接协调机制,明确衔接原则和重点,规范衔接程序,确保各级各类规划协调一致。报请党中央、国务院批准的规划,须事先与国家发展规划进行统筹衔接。衔接重点是规划目标特别是约束性指标、发展方向、总体布局、重大政策、重大工程、风险防控等,必要时由国务院发展改革部门会同规划编制部门组织开展审查论证。省级发展规划须按程序报送国务院发展改革部门进行衔接。加强国家级专项规划、区域规划与空间规划的衔接，确保规划落地。

《关于全面开展国土空间规划工作的通知》（自然资发〔2019〕87号）提出深入贯彻落实《关于建立国土空间规划体系并监督实施的若干意见》，对国土空间规划各项工作进行了全面部署，全面启动国土空间规划编制审批和实施管理工作。

一是做好规划编制基础工作。本次规划编制统一采用第三次全国国土调查数据作为规划现状底数和底图基础，统一采用2000国家大地坐标系和1985国家高程基准作为空间定位基础，各地要按此要求尽快形成现状底数和底图基础。

二是开展双评价工作。各地要尽快完成资源环境承载能力和国土空间开发适宜性评价工作。在此基础上，确定生态、农业、城镇等不同开发保护利用方式的适宜程度。

三是开展重大问题研究。要在对国土空间开发保护现状评估和未来风险评估的基础上，专题分析对本地区未来可持续发展具有重大影响的问题，积极开展国土空间规划前期研究。

四是科学评估三条控制线。结合主体功能区划分，科学评估既有生态保护红线、永久基本农田、城镇开发边界等重要控制线划定情况，进行必要调整完善，并纳入规划成果。

五是各地要加强与正在编制的国民经济和社会发展五年规划的衔接，落实经济、社会、产业等发展目标和指标，为国家发展规划落地实施提供空间保障，促进经济社会发展格局、城镇空间布局、产业结构调整与资源环境承载能力相适应。

六是集中力量编制好"多规合一"的实用性村庄规划。结合县和乡镇级国土空间规划编制,通盘考虑农村土地利用、产业发展、居民点布局、人居环境整治、生态保护和历史文化传承等,落实乡村振兴战略,优化村庄布局,编制"多规合一"的实用性村庄规划,有条件、有需求的村庄应编尽编。

七是同步构建国土空间规划"一张图"实施监督信息系统。基于国土空间基础信息平台,整合各类空间关联数据,着手搭建从国家到市县级的国土空间规划"一张图"实施监督信息系统,形成覆盖全国、动态更新、权威统一的国土空间规划"一张图"。

## 二 我国文化生态保护区规划属于哪种类型？

文化和旅游部《关于加强国家级文化生态保护区总体规划编制工作的通知》提出《国家级文化生态保护区总体规划》的编制工作指导意见。

（一）《国家级文化生态保护区总体规划》（以下简称"总体规划"）应由省级文化行政部门组织保护区所在地区一起编制，编制工作应吸收非物质文化遗产保护专家、地方文化专家和规划专家等共同参与；

（二）"总体规划"的编制应以《国家级文化生态保护实验区规划纲要》和全面、深入的调查研究为基础；

（三）"总体规划"应以"保护非物质文化遗产"为核心，坚持"保护为主、抢救第一、合理利用、传承发展"的方针，以促进非物质文化遗产传承和营造良好氛围、维护文化生态平衡的整体性保护为重点；

（四）"总体规划"的框架结构和条目内容应符合规划设计要求，翔实具体，体现民族特色、地方特色，应将文字、图片与示意性图件内容有机结合，用词要准确、规范；

（五）"总体规划"的期限一般为15年，规划期内可根据要求分为近期、中期、远期。近期规划一般不超过5年，应

优先解决当前文化生态保护存在的主要问题,安排亟待实施的保护项目;

(六)"总体规划"应纳入保护区所在地区的国民经济和社会发展规划、城乡建设规划,应与相关的生态保护、环境治理、土地利用、旅游发展、文化产业等各类专项规划相衔接;

(七)"总体规划"编制完成后,应经省级文化行政部门组织专家论证通过后,正式报送文化和旅游部。

2018年公布的《国家级文化生态保护区管理办法》中规定,申报国家级文化生态保护区,应当提交《文化生态保护区规划纲要》。

《文化生态保护区规划纲要》由省级人民政府文化主管部门、相关地区人民政府负责编制。编制工作应广泛听取非物质文化遗产传承人和当地民众意见,吸收非物质文化遗产保护、地方文化研究、(各类空间)规划等方面的专家学者参与。文化和旅游部根据实地考察情况,对《文化生态保护区规划纲要》组织专家论证。根据论证意见,文化和旅游部将符合条件的申请地区设立为国家级文化生态保护实验区。

## 三 我国《文化生态保护区规划纲要》包括哪些内容？

（一）对文化形态形成的地理环境、历史沿革、现状、鲜明特色、文化内涵与价值的描述和分析；

（二）保护区域范围及重点区域，区域内县级以上非物质文化遗产代表性项目、文物保护单位、相关实物和重要场所清单等；

（三）建设目标、工作原则、保护内容、保护方式等；

（四）保障措施及保障机制；

（五）其他有关资料。

国家级文化生态保护实验区设立后一年内，所在地区人民政府应当在《文化生态保护区规划纲要》的基础上，细化形成《国家级文化生态保护区总体规划》，经省级人民政府文化主管部门审核，报省级人民政府审议通过后发布实施，并报文化和旅游部备案。《国家级文化生态保护区总体规划》应纳入本省（区、市）国民经济与社会发展总体规划，要与相关的生态保护、环境治理、土地利用、旅游发展、文化产业等专门性规划和国家公园、国家文化公园、自然保护区等专项规划相衔接。

《国家级文化生态保护区总体规划》实施三年后，由省级人民政府文化主管部门向文化和旅游部提出验收申请；文化和旅游部根据申请组织开展国家级文化生态保护实验区建设成果验收。将验收合格者，正式公布为国家级文化生态保护区并授牌。

## 四 我国文化生态保护区规划属于哪种规划？

《文化部关于加强国家级文化生态保护区建设的指导意见》第五部分"国家级文化生态保护区建设的基本措施"第一条,"科学制定文化生态保护区总体规划"中提到"制定总体规划是建设文化生态保护区的前提条件"。

"总体规划"的概念来自城市规划学科。在《城市规划基本术语标准》(GB/T50280-98)中,城市总体规划是指"对一定时期内城市性质、发展目标、发展规模、土地利用、空间布局以及各项建设的综合部署和实施措施"。它是引导和调控城市建设,保护和管理城市空间资源的重要依据和手段。

文化生态保护区规划应是一个达到总体规划深度的区域专项规划。文化生态保护区规划以非物质文化遗产保护为核心,以文化生态保护为重点,是一个以保护传承人和传承主体,以空间管制为途径,以确保传承链完整、传承律科学为主要目的专项规划,具有对象特定性、空间规定性、内容规范性等特点。

## 五 我国文化生态保护区规划的组织主体是什么部门？

我国文化生态保护实验区迄今有国家级和省级两个层级，规划编制包括"规划纲要"和"总体规划"两个阶段，一些地方还编制过"总体规划实施方案"。根据文化和旅游部出台的《国家级文化生态保护区管理办法》(2019年3月1日起正式施行，以下简称《办法》)，"文化生态保护区规划纲要"由省级人民政府文化主管部门、相关地区人民政府负责编制。

《办法》规定的规划组织主体非常明确。但因迄今为主的23个国家级文化生态保护实验区中的21个是在《办法》颁布实施以前批准的，此前的规划组织主体一般是所在地区人民政府；跨地市行政地域的，由省级人民政府文化主管负责编制；跨省级行政地域的，由各自省级人民政府文化主管部门、相关地区人民政府负责编制。

## 六 我国文化生态保护区规划编制的主要依据是什么？

目前，在中国物质文化遗产保护中，文物保护单位保护规划遵循《全国重点文物保护单位保护规划编制要求》，主要内容包括保护对象、保护内容、空间划定（保护区、建控地带、风貌协调区等）；历史文化名城、名镇、名村保护规划遵循《历史文化名城保护规划规范》，主要内容包括保护范围、保护内容、保护等级与空间划定、保护措施、专项规划等；非物质文化遗产保护适用的相关法律、行政法规、部门规章等包括《保护非物质文化遗产公约》《国务院关于加强文化遗产保护的通知》《国家"十一五"时期文化发展规划纲要》《国务院办公厅关于加强我国非物质文化遗产保护工作的意见》《文化部关于加强国家级文化生态保护区建设的指导意见》《国家级非物质文化遗产保护与管理暂行办法》《国家级非物质文化遗产项目代表性传承人认定与管理暂行办法》等。

由此出发，文化生态保护区规划编制依据的法律法规主要包括：

- 《中华人民共和国野生动物保护法》（1988）
- 《中华人民共和国自然保护区条例》（1994）

- 《中华人民共和国森林法》（1998）
- 《中华人民共和国环境法》（2002）
- 《中华人民共和国文物保护法》（2002）
- 《中华人民共和国土地管理法》（2004）
- 《中华人民共和国风景名胜区条例》（2006）
- 《中华人民共和国城乡规划法》（2007）
- 《历史文化名城名镇名村保护条例》（2008）
- 《中华人民共和国非物质文化遗产法》（2011）
- 《关于统一规划体系更好发挥国家发展规划战略导向作用的意见》（中发〔2018〕44号）
- 《关于建立国土空间规划体系并监督实施的若干意见》（中发〔2019〕18号）
- 《关于建立以国家公园为主体的自然保护地体系的指导意见》（中办 国办 2019）

其他主要文件依据包括：

- 《保护世界文化和自然遗产公约》（联合国教科文组织，1972）
- 《保护非物质文化遗产公约》（联合国教科文组织，2003）
- 《国务院关于加强文化遗产保护的通知》（2005）
- 《国务院办公厅关于加强中国非物质文化遗产保护工作的意见》（2005）
- 《文化部关于加强国家级文化生态保护区建设的指导意

见》(2010)

•《中共中央关于深化文化体制改革推动社会主义文化大发展大繁荣若干重大问题的决定》(2011)

•《文化部"十二五"时期文化改革发展规划纲要》(2012)

•《文化部关于加强非物质文化遗产生产性保护的指导意见》(2012)

## 七 我国文化生态保护区规划的实施主体是什么部门？

在规划实施上，目前的国家级文化生态保护实验区基本采用了政府、专家、团体及社会民众共同参与的方式。

首先，政府在其中发挥主导作用。《国家级文化生态保护区管理办法》规定国家级文化生态保护区建设管理机构负责统筹、指导、协调、推进国家级文化生态保护区的建设工作，负责实施国家级文化生态保护区总体规划。应当依据总体规划，每年对总体规划实施情况和建设工作成效开展自评。

其次，通过设立专家咨询机制，对保护区建设提供相关专业咨询和指导。如云南建立文化生态保护实验区建设专家咨询机构，充分发挥专家的工作指导、咨询和参谋作用。

再次，充分调动高等院校、学术机构、各企事业单位及社会组织参与保护区建设工作。其中，福建省充分利用高校、研究机构和民间研究团体的力量，加强与港澳台学者的学术交流，发掘闽南非物质文化遗产的价值和闽台文化渊源。

然而，在保护区建设实践中，也发现了不少问题。如大部分保护区未设立专职管理机构对保护区日常工作进行管理，仅通过现有文化行政部门或其下属机构兼职管理，因此，实际的管理效能和协调能力大大降低,与文化生态保护区对管理部门的要求相去甚远,导致目前保护区规划落实和建设工作的实际效果大打折扣。

必须指出,文化生态保护区建设是一项涉及面广、周期长、任务繁重的系统工程,光靠文化部门的自身力量很难完成,目前文化生态保护区管理的主要特点有:①保护对象的不可再生性,保护管理的责任大。作为一种以传承人为载体和动力的特殊类型的文化遗产,一旦(传承)人亡艺绝,该项非物质文化遗产就再难存在了。②保护区域的开放分散性,保护管理的难度大。文化生态保护区保护的核心是非物质文化遗产,关键在于保护传承人,基础在于保护文化生态。而人是开放的、流动的、社会的。人的这些属性决定了对非物质文化遗产的保护,将涉及传承人生活劳作的方方面面。③保护管理机构的相对弱势,保护管理的复杂性。现有的管理机构如文化(广新)局、非遗中心等,因其行政级别低,职能有限,人员配备不足且兼职现象普遍等问题,造成保护区建设工作面临一些困难和障碍。针对目前文化生态保护区管理特点和现状,有必要探索一种新型的保护区管理模式。

青海省黄南州热贡文化生态保护区在此方面做出了有借鉴意义的探索实践。

热贡文化生态保护实验区是2008年文化部批准设立的第三个国家级文化生态保护实验区。2009年成立由省委常委、省委宣传部部长吉狄马加任组长,副省长、省政协主席、中共黄南州委书记、省文化厅厅长及各有关部门负责人为成员的保护区建设领导小组,通过召开动员大会、出台《关于加强热贡文化生态保护实验区建设的若干意见》等措施,全面部署全州合力推进保护区建设。尤其是2010年2月,黄南州单独成立了热贡文化生态保护实验区管理委员会(副厅级建制),并落实了人员编制,其主要职能是对保护区建设实施统一协调管理。管委会的设立,使保护区建设有专门人员抓,专门机构管,保护区建设由文化部门单一管理模式上升为政府设立独立派出机构进行单独、专职管理模式,提升了保护区主管部门的管理级别,大大增强了保护区建设任务的协调落实力度。

# 八 我国文化生态保护区规划的技术路线包括哪些内容？

文化生态保护区规划通常包括规划编制—实施方案—规划落实三个阶段。

规划编制一般依照以下技术路线进行编制，即现状研究、主要问题、总体思路、保护规划、保障机制、实施细则。规划内容包括：（一）现状调查与研究，通过保护区文化生态现状分析和非物质文化遗产项目与代表性传承人分析，提出存在的主要问题；（二）总体思路，包括规划目标和主要任务；（三）保护规划，分为非物质文化遗产体系保护和文化生态系统保护。在以上保护规划的基础上，制定社会经济协调规划，指导文化生态保护区保护与利用的关系，协调与衔接总体规划与已有的其他规划；落实保障机制，制定具体实施细则。文化生态保护区规划的制定，需要以民众为主体，以政府为主导，专家共同参与。

为保证总体规划的落实，确保总体规划的可操作性及近期保护工作建设目标，根据《文化部关于加强国家级文化生态保护区建设的指导意见》要求，编制文化生态保护区总体规划实施方案。

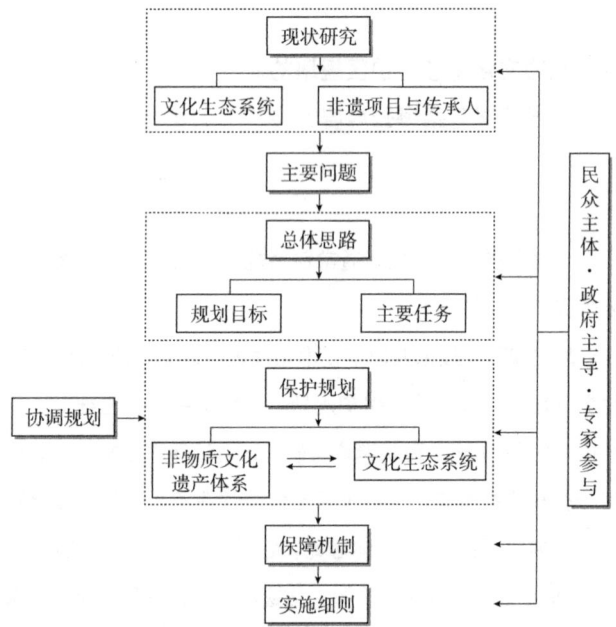

表 2 国家级文化生态保护实验区总体规划编制技术路径

# 九 我国文化生态保护区规划制定过程分几个步骤？

我国文化生态保护区规划制定过程大致可分为以下六大步骤：

（一）组织团队。由国家级规划设计单位牵头，联合地方规划机构与研究人员共同参与，保证专业技术人员的配备。

（二）综合调研。通过现场勘查、各级政府文化主管部门和代表性传承人座谈、文献资料收集整理，对地域文化得出基础认知。

（三）前期研究。从保护区非物质文化遗产本体、保护区自然环境与社会经济、文化生态系统以及保护资金来源等方面进行全面的分析论证，为规划编制奠定坚实的基础。

（四）规划编制。通过规划研究、现状问题、保护规划、项目实施的路径等，编制规划成果。

（五）实施保障。包括政策保障、资金保障、空间信息技术保障。

（六）监测管理。通过非物质文化遗产保护监测管理信息系统的建立，保障后期规划实施的管理。

## 十 我国文化生态保护区规划的目的和任务包括哪些内容？

文化生态保护区规划编制的总体目标是：在对规划地域非物质文化遗产全面、系统调查，并对其文化生态进行科学分析评估的基础上，通过对非物质文化遗产各个方面的工作，确保非物质文化遗产的生命力，建立切实可行的非物质文化遗产保护制度和运行机制；在保护区内形成较为完善的非物质文化遗产保护体系，推动非物质文化遗产的整体性保护和传承发展；加强对文化生态（非物质文化遗产相关的物质载体、文化场所和自然人文环境等）的整体性保护，维护文化生态系统的平衡和完整，实现文化生态系统的健康、稳定、可持续发展。

通过对非物质文化遗产的有效保护与合理利用，实现文化生态保护区内非物质文化遗产保护、传承有序、社会经济协调可持续发展的总目标。

## 十一 为什么说现场调研与问题诊断是文化生态保护区规划建设的第一步？

规划前期现场调研对于遗产保护现状的判断、濒危原因的发现、生态环境面临问题的识别、社会经济协调发展方向的把握等，都是十分重要的。现场调研通常包括以下内容：重要非物质文化遗产项目及其代表性传承人的现场走访；相关重要传承场所、文化场馆、村落街道、传统建筑等的现场勘查；传承群体及社会团体的走访调查；相关政府部门及地方专家座谈以及相关资料的收集等。

以《潍水文化生态保护实验区总体规划》为例，规划前期要进行深入的现场调研，考察地点涵盖潍坊全市范围，以实地调研与走访调研、座谈调研相结合进行考察方式。在12个区县市中，共走访了35个传承人，实地考察了47个非遗项目，为规划编制打下了坚实的基础。规划对保护区的历史沿革和文化形态、资源特色进行了详细梳理，对潍水文化的特征进行了准确的归纳和总结。规划将潍水文化特征概括为：承载了中华民族最古老的文化基因，凸显半岛性复合型鲜明的地域特征，具有突出的实用属性，体现了开放包容、与时俱进的发展特点，文化传承过程一致而连续。潍水文化是研究人类古文明与中华传统文化根脉的活化石与历史见证,潍水文化中蕴含着齐文化开放、包容、进取精神和"仁、义、礼、智、信、恕、忠、孝、悌"的儒家文化思想,是中华民族文化的核心组成,具有深厚的民众基础。保护潍水文化,对营造和谐社会具有重要价值和意义。

## 十二 为什么说规划前的专题研究非常重要？

在现场调研和前期资料收集工作完成后，还需要组织若干专题研究，对保护规划相关的重要问题进行更为深入的分析，这些专题研究通常包括：非物质文化遗产及其代表性传承人保护传承现状专题研究、历史文化演变与保护区文化特征研究、文化生态系统濒危度与敏感度专题研究、社会经济协调发展专题研究、文化遗产科学保护与合理利用专题研究等。这些研究是文化生态保护区整体规划的基础，有了这些研究，整体规划才能更为深入、更接地气。

## 十三 如何做好非物质文化遗产的基础性保护工作？

在普查基础上，完善四级名录体系，并对非物质文化遗产的濒危程度及其原因进行深入调查。按文化和旅游部规定，非物质文化遗产可分为十个大类，规划时，要根据非遗类型的不同，因类制宜，采取针对性措施，做好保护工作。如对传统表演艺术类项目，要注重传统剧目及其资料的挖掘和整理，通过多媒体，及时抢救记录老艺人及其代表性剧目；对传统技艺类项目，要注重代表性传承人的技艺传承和工具及原材料的保护，同时征集代表性传承人不同时期、不同类型的代表作，鼓励探索生产性保护；对民俗类项目，要注重社区的宣传教育和相关民俗活动的举办，以促进非遗项目在社区的群体传承。对濒危遗产项目，要优先抢救，通过录音录像，将相关资料记录下来并存入非物质文化遗产档案库和数据库。此外，要动员当地院校及科研机构，开展非遗的研究活动，并让相关学术成果得到及时出版。

## 十四 在文化生态保护区中如何做好传承人的保护工作？

为文化生态保护区内各级代表性传承人提供开展传习活动所需的场所；资助其开展授徒传艺、教学交流等活动，对高龄和无固定经济来源的代表性传承人，可发放一定的生活补贴；对传承工作有突出贡献的代表性传承人给予表彰、奖励；对学艺者采取助学、奖学等方式，鼓励其学习、掌握非物质文化遗产，成为后继人才。建立起包括完善认定机制、颁发荣誉证书、发放传承补贴、建立赤贫补贴制度、办理大病统筹、建立传承计划、提供传承及展演场所、减免税收、注册商标、办理专利、拓宽销售渠道等一系列保护措施在内的传承保护机制。

## 十五　在文化生态保护区中如何做好重要非物质文化遗产项目的保护工作？

在民间文学、传统音乐、传统舞蹈、传统戏剧、曲艺、传统体育、游艺与杂技、传统美术，传统技艺、传统医药和民俗等十大类非物质文化遗产项目中，要抓住重点，总结面临问题，提出针对性保护措施。针对国家级非物质文化遗产项目，提出具有针对性的保护措施和相关项目的建设计划。

## 十六　如何做好文化生态保护区传统节庆活动的保护工作？

一年有365天。但在传承一个民族物质文明与精神文明的过程中，并不是每一天都同等的重要。在这365天中，总有那么几天，发挥着非常特殊的作用，而这几天就是传统节日。传统节庆活动是非物质文化遗产的重要载体。保护好传统节庆活动，传统戏曲、曲艺、民间舞蹈、民间美术、民间杂技与竞技、传统饮食等非遗项目的传承就有了载体，非物质文化遗产就会得到有序传承。传统节庆活动的最大特点是它的群体性。保护这类遗产最好的办法就是充分调动起广大民众传承传统节庆活动的积极性，同时避免政府的过度干预。一些地方传统节庆活动之所以出了问题——花钱越来越多，规模越来越大，但年味儿、节味儿却越来越少，其主要原因之一，就是政府介入过多，从而将"民俗"变成了"官俗"，将"真遗产"变成了"伪遗产"。对于政府介入过多的项目，目前需要做的工作就是"还俗民间"。而政府需要做的工作，就是做好节庆活动的宣传组织工作、治安管理维护工作。只要政府不取代民间，这种传统民俗节庆活动很快就能恢复起来。

## 十七　如何做好非遗进校园的宣传组织工作？

非物质文化遗产是一个地域的传统文化精华，将这些优秀的地方传统纳入主流教育，不但可以使我们的国民教育更接地气，也可以使同学们对当地的乡土文化有更深的了解。非物质文化遗产进校园大致可以分为普及型非遗进校园及专业型非遗进校园两个大类。

所谓"普及型非遗进校园"，就是选择那些专业性不强、人人能做、人人能学、人人能唱的非遗项目，通过让同学们学习来了解本地的乡土文化，进而增强孩子们的乡土意识，进而激发起他们热爱家乡、热爱故土的家国情怀。这类进校园活动所选项目要选择剪纸、面人、毛猴、民歌、童谣等专业性并不是很强的非遗项目，难度应在一节课左右即能完成。非遗进校园要讲究因材施教，对于不同年级、不同年龄的学龄儿童，要选择不同的教学内容。幼儿园要以学童谣、学儿歌、学传统游艺（如丢手绢）为主；小学以开设传统手工（剪纸、面人）课、游艺（如跳皮筋儿、藏猫猫）、学唱儿歌童谣、民歌为主；传统技艺课程；在初高中开设民俗、乡土文化等文化选修课；在中等或高等院校开设民间艺术和非物质文化遗产专业，并采取相关措施鼓励就读。培养年青一代文化自觉意识，提升文化认同感，树立文化自信心。与学校合作建立非物质文化遗产传承基地，发掘传承人才，向学生展示教育传统文化。

与"普及型非遗进校园"的项目相比，"专业型非遗进校园"活动更适合于那些中专、职业院校的教学活动。同学们学习这类难度较大的遗产项目，目的不是借此陶冶性情、了解乡土，而是要学习一门毕业后可以养家糊口的本事。在这类项目的选择上，既要考虑到师资问题，也要考虑到市场因素和就业问题。技术难度较高的竹雕、玉雕、石雕、木雕、湘绣、蜀绣、苏绣、粤绣等工艺美术类项目，或是制酒、制醋类手工技艺项目，特别是近年来快步崛起的中医药项目，社会奇缺的纸质文物修复技术等，都是不错的选择。

## 十八 如何做好文化生态保护区非遗展览展示、交流与展演工作？

开展对外文化交流，加强对外宣传，提高民众对非物质文化遗产保护的了解。依托文化节会，举行大型民间文艺展演，带动民间歌舞的传播。组织对民间艺术、民间传统手工技艺的展演、展示，提高文化影响力，促进文化传承发展。在重点社区建立演艺中心，提供更多展演交流的机会与场地。

## 十九  如何做好非遗数字化保护工作？

数字化保护就是利用数字技术对非物质文化遗产项目进行文字、照片、录音、录像、数字化多媒体等各类载体的记录，并将数据资源进行标准化输入和转化，系统化整合、专业化分类和信息化存储，最终通过数据库等形式，通过非物质文化遗产资源的数字化保存、管理、交换和利用，达到非物质文化遗产数字化保护的目的，并以此实现以另一种形式保护与传承非物质文化遗产的最终目的。

以潍水文化生态保护实验区总体规划为例，规划提出建立潍坊市文化遗产名录数据库及生态环境数据库、非物质文化遗产影像资料库、数字博物馆、非物质文化遗产保护项目管理信息系统、数字图书馆、文化信息港等数字化保护措施。

（一）建立潍坊市文化遗产名录数据库及生态环境数据库，实现潍坊物质与非物质文化遗产数据，可移动与不可移动文物数据，自然生态环境资源、社会经济、重大基础设施等数据的标准入库与规范管理。

（二）建立潍坊非物质文化遗产影像资料库，通过文字、图片、音像、多媒体方式，对潍坊非物质文化遗产代表性项目及代表性传承人进行全面记录。

（三）建立潍坊文化遗产数字博物馆，通过网络对潍坊文化遗产项目及自然生态环境进行展示，建立潍水文化生态保护实验区虚拟现实与三维仿真系统，全面、生动、立体展示潍水流域的悠久历史和灿烂文化。

（四）建立潍坊非物质文化遗产保护项目管理信息系统，对非物质文化遗产保护项目的规划、立项、实施等情况进行管理、监督，并通过网上公示增强公众参与。

（五）建立潍坊文化数字图书馆，将潍坊文化图书、资料、研究报告数字化。

（六）建立潍坊文化信息港，包括潍坊文化信息、教育传习、远程服务，成为对外沟通的主要信息平台。

## 二十　如何利用传统节日做好传统民俗庙会的保护工作？

传统庙会是许多非物质文化遗产项目存活的基础和前提，激活传统庙会活动是推动非物质文化遗产传承发展最为有效的方式之一。各文化生态保护区应加强对当地传统节日民俗、庙会民俗、集市贸易民俗、集体性民俗活动等自发性、群体性民俗活动的保护，让大家充分意识到传统民俗及节日庙会活动的重要性，并利用这些传统节日及其庙会活动，促进当地传统戏曲、曲艺、民间舞蹈、民间美术、民间杂技与竞技以及传统饮食等非物质文化遗产项目的活态传承。

在传统节庆及庙会活动中，重视民间社会的积极性，尊重广大民众在这类大型民俗活动中的主体地位，是确保这类非物质文化遗产真实性的前提。而民间事儿民间办，是确保这类民俗活动原汁原味有序传承的前提和条件。一个地方传统节庆习俗、庙会活动保护得是否科学，衡量尺度之一，就是看这些传统民俗活动的组织者是否还是传统意义上的"社首"或是"会首"。一旦政府取代民间，就会出现大规模的改编改造，非物质文化遗产的真实性就会因此而荡然无存。那么，对于政府而言，到底应该做哪些工作呢？当然很多。譬如庙会之前的组织协调工作、宣传鼓动工作；庙会期间的资料采集工作，交通管控工作，治安维系工作，庙会之后的材料整理工作、宣传表彰工作等。总之，只要政府不接管庙会，庙会就不会变成政府大会，就不会变成沿街巡游，就不会变成广场表演。

## 二十一 如何处理文旅产业与社会经济发展之间的关系？

非物质文化遗产作为所在地人民群众的一笔宝贵的精神财富，既是他们文化自信的核心依托，也是发展文旅、健康、体育、养老等幸福产业的一种优质资源，只要利用得当，就可促进当地社会经济的可持续发展。UNESCO特别强调遗产的合理利用。在《保护非物质文化遗产公约》（2003）中，就明确指出所谓"保护"，就是指采取措施，确保非物质文化遗产的生命力。文化和旅游部2019年3月1日起开始正式施行的《国家级文化生态保护区管理办法》强调，通过实施非遗记录工程、传承人群研修研习培训计划、传统工艺振兴计划、开展分类保护、服务精准扶贫和乡村振兴等国家重大战略，加强非物质文化遗产传承实践能力的建设。国家级文化生态保护区建设管理机构应加大力度，挖掘本区域内的传统手工艺资源，培养一批能工巧匠，培育一批知名品牌，进而推动传统工艺的全面振兴；同时，在有条件、有传统的地方开展区域内建档立卡贫困人口参加传统手工艺相关技能培训，带动就业，精准助力区域内贫困群众的脱贫增收。依托区域内独具特色的文化遗产资源，开展文化观光游、文化体验游、文化休闲游等多种形式的旅游活动。

需要说明的是,非物质文化遗产的合理利用,是以真实性保护为前提的。如果因利用而给非物质文化遗产带来灾难性破坏,就应阻止这样的利用。

## 二十二 如何编制文化生态保护区总体规划实施方案?

文化生态保护区建设主要分三个阶段进行:基础建设阶段、全面保护阶段、良性循环阶段。

基础建设阶段主要建设内容包括:初步完成非物质文化遗产名录项目的普查与评定,落实非物质文化遗产保护的主要内容,进行行之有效、科学有序的管理,为全面保护奠定基础。同时,将普查成果建立档案,实行数字化、网络化、规范化管理,为后续工作提供资料及操作平台。优先解决文化生态保护中存在的主要问题,安排亟待实施的保护项目。

全面保护阶段主要建设内容:在全面普查的基础上,落实实施细则,健全完善的非物质文化遗产传承机制,使保护区内大部分项目得到有效保护,传承人得到全面保护,并培养出一批新的传承人;完善基础设施建设,各展馆建设等硬件设施需达到国家标准,最大限度地健全工程运作机制,保证工程的全面开展,文化生态得到良好改善,文化生态保护逐渐成为全社会的自觉意识和自觉行动。

良性循环阶段主要建设内容包括:非物质文化遗产名录

项目和代表性传承人得到有效保护，生存环境得到明显改善，从而实现对境内物质文化遗产、非物质文化遗产以及自然遗产的整体保护，进而实现人与自然和谐相处，经济、文化、社会可持续发展的总体目标。

## 二十三　如何编制文化生态保护区近期建设规划？

为保证文化生态保护区总体规划能够按期落地实施，需对规划期限的建设进行阶段划分，并设立每一阶段的分期建设目标。依据《文化部办公厅关于加强国家级文化生态保护区总体规划编制工作的通知》，文化生态保护区总体规划的期限一般为 15 年，保护区的规划期限一般分为近期、中期、远期，其中近期规划一般为 3 年，最长不超过 5 年。

近期阶段是文化生态保护区规划实施的第一阶段，其任务对文化生态保护区建设尤为重要，因此需在文化生态保护区总体规划基础上，编制出近期阶段的建设规划，确定近期建设目标并将建设内容具体化。近期建设规划主要内容包括建设条件、目标任务、实施方案、建设项目、年度计划、资金筹措、保障措施等。

以《热贡文化生态保护区总体规划近期建设规划（2012—2015）》为例，其主要内容包括以下方面：建设条件与目标任务、非物质文化遗产项目保护实施办法、非物质文化遗产代表性项目传承人保护传承实施办法、项目实施规划、工作机制与管理模式、管委会年度工作重点、各县近期实施细则等。

# 五、建设篇

# 一 文化生态保护区的建设理念是什么？

坚持保护优先。设立文化生态保护区的目的，就是以非物质文化遗产保护为核心，以确保非物质文化遗产生命力为目标，兼顾利用，最终实现非物质文化遗产有序传承的发展目标。

坚持整体保护。对文化生态保护区具有重要价值和鲜明特色的文化形态实施区域性整体保护，对非物质文化遗产及其代表性传承人、非物质文化遗产的物质载体、文化场所以及与之息息相关的自然及人文生态环境，实施区域性整体保护。

坚持活态保护。在文化生态保护区既要以活态的方式——"水中养鱼"的方式保护非物质文化遗产，也要以确保"池清水净"的方式保护好与非物质文化遗产息息相关的人文环境和自然环境。要把非物质文化遗产放入日常生产生活的"原生环境"，融入当代生活，从而确保非物质文化遗产的活态传承。

坚持系统保护。科学处理非物质文化遗产保护、传承人保护和文化生态保护三者之间的关系，以非物质文化遗产保护为核心，以传承人保护为抓手，以文化生态保护为基础，三位一体，共同推进文化生态保护区的全面建设。

坚持实效保护。正确处理非物质文化遗产保护与当地经济社会发展的协调关系，在有效保护的基础上，促进非遗与旅游、文化文创产业相衔接，通过文化创意工作者的积极参与，推动非遗融入现代生活，融入时代文化，体现出非遗的当代价值，使更多民众从中受益。

## 二 文化生态保护区建设的指导思想是什么？

建设国家级文化生态保护区要以习近平新时代中国特色社会主义思想为指导，贯彻落实党的十九大和十九届二中、三中、四中全会精神，推动中华优秀传统文化创造性转化、创新性发展。

### （一）以人为本

非物质文化遗产是由人创造并传承的，人是非物质文化遗产的活态载体。所以，保护非物质文化遗产的关键就是保护传承人。事实已经证明，只要保护好传承人，非物质文化遗产就能以活态的形式不断传承；只要传承人愿意带徒授业，非物质文化遗产就能实现代际传承。

### （二）整体保护

文化生态保护区的保护目标是对文化形态实施整体保护。这个整体保护包括对非物质文化遗产、与非物质文化遗产相关的文化场所或物质载体、非物质文化遗产所依存的自然环境和人文环境实施整体保护。

### （三）分区管控

文化生态保护区按照非物质文化遗产类型、数量、价值、濒危度、文化生态特征与社会经济协调情况，可划分出不同的空间管制区域,通过不同的管控措施以实现科学保护与合理利用的目的:对重点保护区、一般保护区域实施分区管控。

### (四)注重生态

文化生态保护区建设不仅要重视非物质文化遗产及其代表性传承人,同时还特别重视非物质文化遗产赖以生存、发展的生态环境。保育文化生态系统,维护文化生态平衡,营造一个良好的自然和人文环境,是文化生态保护区保护工作的重点和关键。

### (五)统筹兼顾

要分步实施,点面结合,讲求突破;区别对待,分类指导;区域合作,统筹规划;将文化生态保护区规划纳入国民经济和社会发展规划,并与自然保护地体系和物质文化遗产、历史街区和传统风貌保护规划、传统村落保护、城镇建设及"美丽乡村"建设规划相协调。

### (六)共同参与

文化生态保护区建设,要充分发挥政府的主导领导作用,发挥群众和社区人民传承上的主体作用,联合其他相关团体和普通民众共同参与到文化生态保护区建设中来。同时,采取依法保护与政策保障相结合,政府机构、新闻媒体、科研机构与民间保护相结合,决策系统与咨询系统相结合,财政投入与社会融资相结合等多种保护方式。

## 三 如何理解文化生态保护区的建设方针与原则？

在文化生态保护区的建设工作中，应坚持以保护非物质文化遗产为核心的原则，坚持人文环境与自然环境相协调、维护文化生态平衡的整体性保护原则，坚持尊重人民群众文化主体地位的原则，坚持以人为本、活态传承的原则，坚持文化与经济社会协调发展的原则，坚持保护优先、开发服从保护的原则，坚持政府主导、社会参与的原则。把非物质文化遗产保护工作"保护为主、抢救第一、合理利用、传承发展"的指导方针落实到具体工作中去。

## 四 文化生态保护区的建设目标是什么？

以非物质文化遗产保护为核心，确保非物质文化遗产生命力；加强文化生态保护，推动非物质文化遗产的整体性保护和有序传承，维护保护区文化生态系统的平衡和完整。

通过非遗进校园、进媒体，让非遗融入当代生活，在保护好非遗历史价值的基础上，充分体现非遗的当代价值，提高普通民众的文化自觉，建设中华民族共有的精神家园，增进民族团结，增强民族自信心和凝聚力。

在确保非遗真实性的基础上促进非物质文化遗产的合理利用，并使民众从中受益；以"非遗+"的形式促进经济社会全面协调和可持续发展。

## 五 文化生态保护区的建设重点是什么？

建立科学有效且可持续发展的非物质文化遗产保护机制；推进非物质文化遗产基础设施建设，完善城乡公共文化服务体系；协调文化遗产保护和社会经济协调发展，实现双赢局面；完善文化生态区保障措施；开展生产性保护、文化旅游，助力乡村振兴。

以《客家文化（赣州）生态保护区总体规划》为例，规划的建设重点包括：

（一）在对赣州市非物质文化遗产及其文化生态进行系统调查、科学评估的基础上，以保护非物质文化遗产项目和代表性传承人及传承群体为重点，以抢救性保护、生产性保护和数字化保护等方式，对不同类别、不同特点、不同存续状态的非物质文化遗产提出具有针对性的保护措施，实现有效传承。

（二）梳山理水识文脉，借鉴城市规划空间分级管制经验，在充分分析历史文脉、现状及各地特色的基础上，结合GIS等规划支撑手段，对赣南客家文化生态保护区实施分区管控，将客家传统生活形态较好、文化生态因子较为集中的地域划为重点保护地域并加强建设管理规制。

（三）推进非物质文化遗产保护和传承基础设施建设，充分满足非物质文化遗产保护传承的实际需求并构建起支撑整体性保护的设施网络；同时结合全市公共文化服务体系建设，完善全市文化惠民工程。

（四）将非物质文化遗产保护纳入地方政府制定的国民经济与社会发展规划，有计划、有步骤地实现非物质文化遗产保护与城乡建设和产业发展之间的有效结合，焕发非物质文化遗产在当下社会经济环境中的活力，全面实现非物质文化遗产的可持续发展。

（五）设立相应的政策和法规，建立保护与研究机构，培养非物质文化遗产保护人才队伍，积极争取各级财政支持，加强赣南文化生态保护理论和政策研究，形成一套切实有效的保障措施，保证文化生态区建设的顺利推进。

## 六 如何做好生产性保护基地的建设工作？

文化部非物质文化遗产司2012年发布的《关于加强非物质文化遗产生产性保护的指导意见》中指出："非物质文化遗产生产性保护是指在具有生产性质的实践过程中，以保持非物质文化遗产的真实性、整体性和传承性为核心，以有效传承非物质文化遗产技艺为前提，借助生产、流通、销售等手段，将非物质文化遗产及其资源转化为文化产品的保护方式。"目前，这一保护方式主要是在传统技艺、传统美术和传统医药药物炮制类非物质文化遗产领域实施。

生产性保护是在一般性保护基础上，突出非物质文化遗产经济价值，使之与经济相关产业结合，达到更新自我活力和生命力的目的。通过保护，实现非物质文化遗产保护与经济社会协调发展的良性互动。通常，传统技艺类项目更适宜采取生产性保护的方式进行保护。生产性保护的基本目标是通过保护，在实现遗产经济价值的同时，也使遗产本身获得更好的保护和传承。

生产性保护主要针对非物质文化遗产项目、传承人及原材料产地。生产性保护包括以下具体措施：

（一）生产资源保护：密切关注与传统技艺相关的原材料稀缺情况，加强原材料产地的保护，依照相关法规制度保障对传承人的材料供给。

（二）技艺传承保护：广泛开展核心技艺的传承培训，加强传承梯队的建设。在保证传统手工制作的前提下，适应市场需求，适当扩大生产规模。鼓励传承人在传承传统技艺、坚守传统工艺流程和核心技艺的基础上，进行合理创新和发展，推动传统产品价值提升，以适应当代社会需求。

（三）空间场地保护：为非物质文化遗产的生产性保护提供必要的生产场地，并在生产性保护项目较为集中、保护工作开展良好的地域设立生产性保护示范基地，集中生产销售传统产品并进行传统技艺展示。

（四）市场竞争保护：采取政策扶持、经济补贴、税收优惠等方式，扶持生产性保护项目进入市场，保证其市场竞争力。禁止以机器操作替代以手工制作为核心的传统手工技艺，为产品增加传统手工制作的认证标记。引入现代的包装推广、商业运作理念，提高传统产品的市场竞争力。规范市场行为，实施专利保护，保证传承人权益。

（五）渠道推广保护：支持帮助代表性传承人树立品牌意识，打造精品形成品牌优势，积极开展产品宣传，拓展市场销路与外贸出口途径，提供产品销售的渠道与平台。

（六）监督与自律：设立技术监督、手工制品资格认定机制，保障产品的质量。发挥工艺美术等行业协会的积极作用，制定原材料、传统工艺流程、核心技艺等方面的行业标准，加强行业自律和行业监管。

## 七 如何做好生产性保护示范基地的建设工作?

所谓生产性保护示范基地是指具有示范性的非物质文化遗产生产性保护场所。生产性保护示范基地的规划原则如下:

（一）根据现有项目生产性保护情况、项目的重要性程度、项目的市场开发潜力以及示范作用，因地制宜地建设生产性保护示范基地。

（二）生产性保护示范基地宜少而精，不能追求面面俱到。

（三）生产性保护示范基地的选址及规划建设，必须与城镇规划相协调。

## 八 如何做好传习所的建设工作?

非物质文化遗产传习所是指承载非物质文化遗产传承活动的场所,是保护环节中重要的物质空间保障之一。非物质文化遗产传习所的建设原则如下:

(一)要根据非物质遗产项目及其代表性传承人的分布以及传承人自身的意愿,在地域文化底蕴深厚、文化生态较好的区域(一般为核心保护区或重点保护区内),因地制宜地建设非物质文化遗产传习所,并做好相关设施配套工作。

(二)非物质文化遗产传习所的规划应与地区城镇规划相协调,避免建设在城镇规划所划定的生态敏感、高地质风险等限制建设的区域。

(三)根据项目级别以及在地区文化生态中的重要程度,科学合理地制定传习所规模和数量。

(四)不要在传承生态非常完备且已形成自身传统的区域再建传习所,作为外来生态的传习所很容易对当地非物质文化遗产原汁原味传承带来负面影响。

## 九 如何做好非遗展示馆的建设工作？

非物质文化遗产展示馆是指以集中陈列展示非物质文化遗产制成品及其相关实物为目的的展览展示场馆。它的优势是可以在最短的时间内，快速了解这一地区非物质文化遗产的基本情况，对于宣传当地非物质文化遗产具有重要意义。

非物质文化遗产展示馆一般多设置在文化生态保护区的重点区域，但不能因展示馆的建立而影响到文化生态保护区的原有风貌。展示馆的规模、体量与数量应与当地非物质文化遗产数量相一致。展示馆可以是专题的，也可以是地域的，具体情况应视地方财力与展品数量而定。如果财力有限，也可充分利用当地现有博物馆进行当地非物质文化遗产资源的展示。在有条件的地方，也可以在平时或人流量较大的节假日，开辟出特定区域，进行非物质文化遗产的活态展示或教学研习，以增强孩子们的动手能力。

## 十 为什么说文化生态保护区基础设施建设同样是把双刃剑?

在文化生态保护区建设过程中,必要的基础设施投入是十分必要的。譬如剧团所需要的排练场所的建造、手工艺人作坊的改造、手工艺展示空间的建造、中医诊所的建造等。但在建造过程中,我们必须要认真考虑的一个问题是,这一笔笔资金的投入,会不会给以强调原生态保护的非物质文化遗产带来负面影响?

通常,所有的非物质文化遗产都生活在原有的文化生态中的,如果投资不当,也许就会破坏到非遗赖以维生的原有生态,这对非物质文化遗产来说,也许就是个破坏。举例来说,历史上侗族大歌是在鼓楼演唱的,这是侗乡的传统。如果我们建了座传习所,演唱地点改成了传习所,就会在有意无意中改变了鼓楼演唱的传统,这就不能算是一件好事,因为我们已经破坏了侗族大歌的原有生态。但是,正像许多民族都有在晚上聚拢到邻家里唱山歌的传统,而这样做现在又会影响到孩子做功课,在这个时候就当然有必要另建一座房子,专供大家娱乐之用。所以,在建立所谓"传习所"之前,一定要对其进行"安全性"评估,只有在能够确保这种做法真的不会对非物质文化遗产原有生态产生负面影响之后,才能进行下一步申报。

## 十一 为什么说要对文化生态保护区重要文化空间实施重点保护？

活态保护除应加强对传承人及传承项目的活态保护外，还要加强对非遗所在文化生态系统实施整体保护。道理很简单：鱼儿离不开水，文化生态系统的好坏会直接影响到非物质文化遗产能否获得有序传承的大问题。在现代化的影响下，中国非物质文化遗产赖以维生的农耕文化及其相关环境都发生了急剧变迁，许多非物质文化遗产也都因此而失去了它们所依附的生存土壤。因此，如何保护好非物质文化遗产赖以维生的文化空间，便显得格外重要。

文化生态保护区建设的"初心"，就是要保护好非物质文化遗产赖以维生的文化空间。这种文化空间的保护有时体现在自然生态环境层面，有时体现在人文生态环境（村落、社区）层面。

以《客家文化（赣州）生态保护区总体规划》为例。赣南客家文化的生成与演进，与其历史源流和地理因素密不可分。在赣南客家传统文化中，村落屋祠是它的最重要载体，赣南客家文化事项中最重要的文化事项多半发生在这个文化空间里。如赣南各地的祠堂文化、风水文化、灯彩文化、山歌文化和节事文化等多种文化现象,都与客家祠堂密切相关。正因如此,我们在规划中就必须尊重当地的文化传统,并在非物质文化遗产保护过程中,充分尊重祠堂文化在传承客家文化遗产中所发挥的作用。

## 十二 文化生态保护区文化生态保育

　　文化生态保护区建设应在文化生态系统评估的基础上，考虑文化生态系统保护现状，在编制文化生态保育规划的基础上进行。以《客家文化（梅州）生态保护实验区总体规划》为例，伴随城镇化及工业化的快速发展，我国的非物质文化遗产的生存现状并不乐观，城镇化使得大批农田消失，原住民流失，传统村落锐减，同时，农村生产生活方式发生转变，一些传统习俗急速变化，许多文化记忆在无意识地被淡化，大量青壮年农民进城务工导致乡土文化传承链条断裂，整体而言，传统意义上的中国农村风貌在渐渐远去甚至消失，非物质文化遗产赖以生存的环境遭到一定程度的破坏。《国家新型城镇化规划》明确提出城镇化要"走以人为本、四化同步、优化布局、生态文明、文化传承的中国特色新型城镇化道路"，将"文化传承、彰显特色"作为新型城镇化建设的基本原则之一；进而提出，根据不同地区的自然历史文化禀赋，体现区域差异性，提倡形态多样性，防止千城一面，发展有历史记忆、文化脉络、地域风貌、民族特点的美丽城镇，建设历史文化底蕴厚重、时代特色鲜明的人文城市。在这一背景下，规划对梅州非物质文化遗产遗存的主要地域空间，如历史文化名镇、名村、传统村落、社区、围龙屋、历史街区等进行划分,采取有针对性的文化生态保育、修复与改善措施,改善非物质文化遗产的遗存环境。因地方政府的高度重视,社会各界的大力支持,当地群众的积极参与,规划实施以来,当地文化生态退化现象得到了相当程度的缓解,部分区域得到一定程度的改善和修复。

## 十三　文化生态保护区文化生态修复

文化生态保护区建设应在文化生态系统评估的基础上考虑濒危程度与原因，编制文化生态修复规划。以《客家文化（梅州）生态保护实验区总体规划》为例，在梅州客家文化生态保护区内，保护传统农业、手工业、商贸等独具梅州地方特色的客家文化形态，特别应突出对代表性的地方文化形态的保护，保留客家传统文化元素；保持梅州当地客家人群体日常生活传统习惯，包括民居样式和居住格局，独具特色的服饰和装饰，特有的饮食内容、方式和习惯，特殊的婚丧礼仪，客家人共有的民间信仰和节庆祭典仪式等，促进客家文化的全面认同和文化根脉的生态修复。

## 十四　文化生态保护区文化生态系统建设

（一）科学制定文化生态保护区总体规划。制定总体规划是建设文化生态保护区的前提条件。要在调查研究、统筹协调和科学论证的基础上，突出非物质文化遗产资源的独特价值、文化内涵和民族特色、地方特色。

（二）确定重点区域进行整体性保护。在文化生态保护区中选择若干自然生态环境基本良好、传统文化生态保持较为完整的街道、社区或乡镇、村落等，作为实施整体性保护的重点区域。

（三）加强非物质文化遗产名录项目的保护。要根据各级非物质文化遗产名录项目特别是国家级名录项目的不同类别特点，因地制宜、因类制宜地采取针对性保护措施，做好保护工作。

（四）加强非物质文化遗产名录项目代表性传承人的保护。

（五）加强非物质文化遗产保护传承的基础设施项目建设。

（六）加强文化生态保护区理论和政策研究。

（七）加强非物质文化遗产教育传承。

（八）加强非物质文化遗产保护人才队伍建设。

（九）突出社会公众的文化主体地位。

（十）营造有利于文化生态可持续发展的良好社会氛围。

# 六、管理篇

## 一 文化生态保护区设立有哪些条件?

根据《国家级文化生态保护区管理办法》,具备下列条件的,可以申报国家级文化生态保护区:

(一)传统文化历史积淀丰厚,具有鲜明地域或民族特色,文化生态保持良好;

(二)非物质文化遗产资源丰富,是当地生产生活的重要组成部分;

(三)非物质文化遗产传承有序,传承实践富有活力、氛围浓厚,当地民众广泛参与,认同感强;

(四)与非物质文化遗产密切相关的实物、场所保存利用良好,其周边的自然生态环境能为非物质文化遗产提供良性的发展空间;

(五)所在地人民政府重视文化生态保护,对非物质文化遗产项目集中、自然生态环境基本良好、传统文化生态保持较为完整的乡镇、村落、街区等重点区域以及开展非物质文化遗产传承所依存的重要场所开列清单,并已经制定实施保护办法和措施;

(六)有文化生态保护区建设管理机构和工作人员;

(七)在省(区、市)内已实行文化生态区域性整体保护两年以上,成效明显。

《国家级文化生态保护区管理办法》明确了国家级文化生态保护区申报设立的条件和程序。申报国家级文化生态保护区要具备良好的文化生态区域性整体保护工作基础,应当在本省(区、市)内已实行文化生态区域性整体保护两年以上,成效明显;国家级文化生态保护区设立后,总体规划不再由文化和旅游部批复实施,改为由省级文化主管部门审核,报省级人民政府审议通过后发布实施,并报文化和旅游部备案;总体规划实施三年后,省级文化主管部门可向文化和旅游部申请组织验收,对验收合格者,正式公布为国家级文化生态保护区并授牌。

## 二 文化生态保护区管理机构是怎样构成的？

根据《国家级文化生态保护区管理办法》，国家级文化生态保护区要设立管理机构，负责统筹、指导、协调、推进国家级文化生态保护区的建设工作。主要任务包括：通过加强工作机构和队伍建设、加大资金投入力度、引导社会广泛参与、加强理论和实践研究、开展自评报告等措施，完善工作保障机制，通过实施非遗记录工程、传承人群研修研习培训计划、传统工艺振兴计划、开展分类保护、服务精准扶贫和乡村振兴国家重大战略的实施，加强非遗传承实践能力建设，通过组织开展非遗主题活动、品牌活动、搭建展示平台、推进普及教育等措施，加强非遗的传播宣传；对国家级文化生态保护区总体规划实施和建设情况进行检查评估。

## 三 文化生态保护区的管理职责有哪些?

国家级文化生态保护区建设管理机构主要承担以下职责:

(一)贯彻落实国家有关文化建设、非物质文化遗产保护的法律、法规和方针、政策;

(二)制定实施国家级文化生态保护区的各项建设管理制度,创新工作机制和保护方式、措施;

(三)负责实施国家级文化生态保护区总体规划;

(四)组织或委托有关机构开展文化生态保护理论和实践研究;

(五)开展文化生态保护的宣传教育和培训;

(六)评估、报告和公布国家级文化生态保护区建设情况和成效。

## 四 文化生态保护区管理办法

文化和旅游部出台的《国家级文化生态保护区管理办法》(以下称《办法》),已于 2019 年 3 月 1 日起正式施行,经过十多年文化生态保护区制度的探索和实践,将工作中行之有效的措施上升为部门规章。《办法》明确了国家级文化生态保护区建设的责任主体、主要任务和措施。

## 五 如何理解对非物质文化遗产的利用和管理？

  非物质文化遗产利用应以习近平新时代中国特色社会主义思想为指导，认真贯彻非物质文化遗产保护工作"保护为主、抢救第一、合理利用、传承发展"的指导方针，以人民为中心，尊重人民群众的主体地位，正确处理非物质文化遗产保护和利用的关系，坚持保护优先、开发服从保护的原则。在严格保护文化生态保护区内非物质文化遗产的基础上，合理利用其丰富的非遗资源优势，协调文化生态保护与地区经济社会发展的关系，适度发展旅游文化产业，实现"遗产丰富、氛围浓厚、特色鲜明、民众受益"的目标。

# 六 如何对文化生态保护区规划实施科学的监督管理?

（一）明确监督内容。监督分为对人的监督和对事的监督，主要是指对保护区开发、建设、保护和文化旅游服务行业进行管理和监督，依法查处破坏保护区非物质文化遗产资源及环境的违法行为。这里既包括对行政人员、管理机构及其工作人员进行监督，也包括对保护区管理机构管理行为的监管。尤其要加强对工作人员任职资格和失职行为的监管。必要时，可以对那些不符合任职条件的工作人员以及犯有严重失职行为的行政主管人员进行处罚。

（二）完善监督机制。实行行政监督和社会监督双重监督方式。行政监督的主体是文化行政主管部门，其他部门参与监督。在监督方式上，可以建立保护区管理绩效考评办法，通过定期和不定期方式对保护区管理现状、管理效果等进行全方位考核，并作为管理人员工作绩效考核和任职考核的基本依据。社会监督主体包括公众、社会组织机构、社会团体和各类非政府组织等。在监督内容上，包括对管理机构管理行为的监督和管理人员职责行为的监督。当然，社会对这些内容的监督，往往滞后于问题发生，相对行政监督，它相当于事后监督，是对行政监督的有益补充。

# 七、实施篇

# 一 谁是保护区非物质文化遗产项目的传承主体?

在我国,非物质文化遗产的传承主体主要由传承人个人、传承团体以及传承群体(社区民众)共同组成的,由此形成了非物质文化遗产个体传承型传承模式、团体传承型传承模式和以社区为代表的、代表性更为广泛的社会传承模式——群体传承型传承模式。

## (一)个体或家庭传承保护模式

以个体为代表或以家庭名义传承的个体(家庭)保护传承模式,经常出现在传统手工技艺类、民间文学类以及部分表演类非物质文化遗产中。这些非物质文化遗产通常采用世代相传的方式,在具有血缘关系的人们中间进行传授,由家族的某一特定人选或家族多人进行传承,一般不传外人,有的甚至传男不传女。如国家级非物质文化遗产项目"聚元号弓箭制作技艺",考察其传承谱系,可发现其均在杨氏家族内部传承,是一个封闭式的传承系统。这代表了相当一部分非物质文化遗产传承的特点,反映了以家庭为细胞,以家族为纽带的中国社会构成特征。另外,在个体保护传承模式中还有一种神授传承比较特别,如国家级非物质文化遗产项目"格萨尔"的传承,并非人与人之间的传承,而是由自己想出来的或梦中的神秘力量授予的,这种类型多出现在少数民族中。

## (二)群体传承保护模式

在非物质文化遗产中,有许多项目是由群体创造和拥有,通过群体传承的方式传承至今。这种群体传承,一般是在一个文化区(圈)或特定社区内,有时候是一个族群共同传承一种非物质文化遗产的现象。群体内传承模式主要集中在民俗类非物质文化遗产中。如传统节日,中国的传统节日体现了人与自然和谐相处的深刻内核和生生不息的民族精神,在其形成和演变过程中,内容不断丰富,大量仪式与精神不断附加,使其越发弥足珍贵。这类遗产由中华民族整个族群进行着群体传承。在群体传承的同时,各地以各自的文化区(圈)为活动范围又形成了多姿多彩的地域文化。地域性是非物质文化遗产的突出特色,非物质文化遗产是特定地域社会里的文化,它其中固然可能蕴含着超越地域、族群或国家的普世性价值,但归根到底,它是地域的,若是脱离了其存在的文化生态环境,它就会变样,甚至失去其价值后干枯而死。基层社区、地域社会或族群的居民们应该认识到这些非物质文化遗产对于他们自身和整个国家的价值及意义,因此如果想保护得好,首先必须承认和尊重这一点。正如在日本,一年四季几乎每个城市或村镇、街区,都有自己地方性的"节祭",届时社区居民均会踊跃参加,既有效地保护了以节祭形态存续的非物质文化遗产,又增加了地区的文化认同与社会和谐。

### (三) 社会传承保护模式

除了上述个体(家庭)保护传承模式和群体保护传承模式两种相对自然的保护传承模式外,社会保护传承模式是现代社会非物质文化遗产保护传承的主要模式。人类社会现代化的进行,在提供了丰富的物质生活条件外,同时带来的文化同化现象,迅速消解着与人类精神、情感世界紧密相连的非物质文化遗产,人们逐渐认识到非物质文化遗产的重要价值,也更加认识到加强对其保护的重要性和紧迫性。《保护非物质文化遗产公约》在国际上喊出了保护非物质文化遗产的最强音,明确规定了签约国的工作任务。于是,伴随着世界对非物质文化遗产保护的愈加重视,各国政府行政保护传承模式的力量日益凸显。政府主管部门为了避免非物质文化遗产的流失、消失和破坏,采取各种行政措施,调动社会各方面力量,积极、主动地对非物质文化遗产进行保护传承,如政府建立非物质文化遗产名录体系、传承制度等。

## 二 文化生态保护区的保护主体?

文化生态保护区的保护主体是当地政府和传承人,学界、社会组织、媒体等配合。在非物质文化遗产抢救与保护工作中,传承人和政府是保护主体,只有政府和传承人充分发挥保护主体的作用,保护工作才能有序展开。在文化生态系统保护中,政府是最主要的保护主体。政府的保护理念、保护方法是否科学,对文化生态保护区建设工作起到至关重要的作用。此外,应坚持以人为本,突出保护主体,增强保护区人民群众文化认同感。《文化部关于加强国家级文化生态保护区建设的指导意见》中的第二条"国家级文化生态保护区建设的方针和原则"明确提出要"坚持尊重人民群众文化主体地位的原则"。把"人"作为保护对象,重视非物质文化遗产传承人的作用,这既是非物质文化遗产保护的核心概念,也是非物质文化遗产与物质文化遗产,文化生态保护区与自然遗产、文化景观在保护上的最大区别。应该树立"以人民为中心"的思想,在保护区申报、政策制定、规划执行过程中,充分尊重保护区内"文化当事人"的意愿和权利。在征得被保护人同意的情况下,增强其文化自觉性。充分发挥他们的主动性与积极性,号召他们踊跃参与到文化生态区的保护建设中来,让人民群众真正成为文化生态保护区的参与者、受益者和实际传承者。建立健全鼓励社区居民积极参与文化生态和文化资源保护的机制,突出社区居民的主体性地位,形成保护主体多元化的保护格局。

## 三 实施监督

实施监督包括政府有关职能部门、社会各界、当地民众等对文化生态保护区的建设实施监督,而传媒是社会监督的重要方式之一。借助媒体的深入采访、批评性报道、评论等舆论监督手段,引起政府职能部门的重视,促成相关法律、法规和机制的完善建立。

媒体的监督主要包括几方面:

(一)对地方政府的保护工作进行监督,及时发现文化生态保护区所在的地方政府保护不作为的现象以及违法行为,特别是政府在保护过程中违反非物质文化遗产保护的规律,对非物质文化遗产的过度开发利用和破坏情况;

(二)对代表性传承人和项目保护单位的保护工作进行监督,监督其履职情况,及时揭露保护不力和破坏现象,为政府提供相应证据,确保非物质文化遗产得到严格保护和有效传承;

(三)监督商界等其他保护主体在保护传承、振兴发展非物质文化遗产过程中存在的违法行为,依法及时进行曝光,敦促并监督其整改。

## 四 实施效果

　　文化生态保护区作为一种非物质文化遗产区域性整体的新方式，是中国多年来进行非物质文化遗产保护工作过程中积累下的有效实践模式。在非物质文化遗产保护与传承受到诸多威胁，文化发展与繁荣成为时代强烈诉求的今天，探讨其发展过程与机理、设立的条件与类型特征、规划建设要求与管理实施效果等，不仅具有实用性，更体现了很强的创新性。在文化生态保护区建设中，应执行实施设计好的方案，动态监测方案的实施效果，并对监测结果进行评价，包括生态安全评价、景观生态评价等，找出实施结果与最初目标之间的差异，将获取的信息反馈到最初的设计中，作为方案调整的依据。

## 五 实施评价

非物质文化遗产的保护是一项实践性极强的工作。若要真正实现非物质文化遗产的有效保护，不仅要关注其内在的文化特性与社会文化价值，更要关注其具体的保护过程和最终效果。非物质文化遗产保护效果评价是文化生态保护区的重要内容之一。客观、科学、准确的遗产保护效果评价有利于及时发现和纠正非物质文化遗产保护工作中存在的问题和疏漏，指导今后的非物质文化遗产保护实践，使文化生态保护区的建设工作有的放矢。非物质文化遗产保护效果的评价需要制定一个明确的指标体系。指标体系的建立是非物质文化遗产保护和利用效果评价研究的关键。非物质文化遗产保护实效的评价体系由内部和外部评价指标构成：

### （一）内部评价指标

包括非物质文化遗产项目本身评价和传承人评价，直接关系非物质文化遗产保护传承的好坏，因此，是遗产保护实效评价的重点。

非物质文化遗产项目本身评价包括：

1. 项目基本情况评价：项目原真性程度，包括对项目内涵、有关实物、资料和场所的保有状态，知识、技能真实性的评价；项目完整性程度，包括项目所在文化空间的存在状态、知识、技能流程完整性的评价；项目保护单位履责情况，包括对项目保护单位开展的项目调查、申报、立档记录、实物和作品保存情况、保护传承规划、项目日常管理、宣传展示、利用及效益、现代科技的应用及效果等情况进行评价。

2. 项目本身的变迁情况评价：比较项目在进入名录及获得资金支持的前后所呈现出来的变化，通过比较来分析保护的行动、措施是否达到了预期的效果。

3. 项目影响评价：项目进入名录对文化生态保护区内的民族、社会、文化或区域的作用及影响。

4. 传承人保护评价：在文化生态保护区内，各级文化行政主管部门通过认定非物质文化遗产代表性传承人，建立四级传承人体系和培育体系，开展代表性传承人保护。代表性传承人是传承人中的优秀代表，是评价的重中之重。除此之外，传承人评价也包括其他类型的传承人，如代表性传承人的徒弟、社区潜在的传承人等。

5. 传承人基本情况评价，包括传承人的数量变化、年龄结构、基本素质（身体、文化、思想、社交）、掌握技能情况、传承情况、生存条件、对遗产项目的认识程度等。

6. 遗产进入名录后，对传承人的作用及申遗前后的变化进行评价。潜在遗产传承人，即与项目密切相关的同一社区内的其他民众对非物质文化遗产的认识程度和所持的心态，对政府遗产保护措施的认同程度,在保护遗产的过程中具体的行为方式及其影响和作用。

**(二)外部评价指标**

外部评价指标,包括政府、学界、媒体等保护主体在非物质文化遗产保护传承工作中的履职情况,这些指标中的任何一个虽难以单独决定保护传承工作的好坏,但只有它们有效地发挥综合作用,为非物质文化遗产保护创造良好的外部环境和条件,非物质文化遗产保护传承工作才能真正落到实处,取得实效。

1. 政府评价指标:法律、法规、政策、制度制定、落实、监督情况;管理机构设置及运行状况,科学保护体系建设情况,资金运作体系运转情况,检查监督机制设置情况,人才培训培养情况,教育宣传措施等。

2. 学界与教育界评价指标:遗产基础理论研究状况(数量、已解决的问题和未解决的问题、可操作性、实际效果),某一类遗产项目理论研究情况(数量、已解决的问题和未解决的问题、可操作性、实际效果),参与政府决策情况(数量、效果),遗产保护相关人才培养情况。

3. 媒体评价指标:媒体在非物质文化遗产保护中所发挥的作用,重点关注媒体的宣传形式、受众情况、宣传内容、发挥的作用、媒体数量、媒体的性质等。

4. 其他民间组织、机构评价指标:民间组织社团的参与程度及作用，公共服务机构在非物质文化遗产保护中的作用，应重点比较不同公共服务机构如图书馆、博物馆、艺术馆、展览馆、文化活动中心等在其中发挥作用的异同。

5. 文化生态评价指标：非物质文化遗产项目存在的人文环境现状、变迁及对非物质文化遗产的影响；自然环境现状、变迁及对非物质文化遗产的影响；社会氛围营造、社会参与方式、程度及其效果。

### （三）评价的基本步骤及方法

非物质文化遗产保护效果的评价是一个系统性、综合性较强的工作，需要在历史学、社会学、考古学、人类学、民族学、民俗学、艺术学等学科研究方法的指导下完成。

# 八、问题篇

## 一 文化生态保护区建设理念滞后问题?

以往,人们谈及非物质文化遗产保护,首先想到的是一个个项目,很少从生态环境层面去考虑非物质文化遗产保护问题。2007年文化部启动文化生态保护区建设时,虽然已经明确意识到生态保护的重要性,但并没有从学理上深入探讨生态环境对非物质文化遗产所造成的影响。所以,在很多人看来,所谓文化生态保护区建设,无非就是在非物质文化遗产相对集中的地方"画个圈儿",并对其实施重点保护。这在保护理念上,与以往的非物质文化遗产保护并没有本质区别。也就是说,一个非常值得期待的全新的非物质文化遗产保护模式,并没有发挥出其应有的作用。

那么,作为文化生态保护区,应该与传统意义上的非物质文化遗产保护有什么本质上的区别呢?很简单,文化生态保护区的建设者们首先应该形成这样一种共识:要想保护好非物质文化遗产,首先就应该从改善或是保护好非物质文化遗产的生态环境做起,为非物质文化遗产传承营造出一个原汁原味的、更适合其生长的生态环境。

## 二 文化生态是怎么被破坏和改变的?

文化生态的改变主要有两种原因：一种是因社会发展而出现的渐进式改变或破坏，一种是因外力强力介入而出现的爆发式改变或破坏。渐进性改变因周期较长，至少会给非物质文化遗产项目的转型留下一个逐步适应的过程，这种改变通常也不会给非物质文化遗产带来太大的伤害。如竹编艺人始于编筐，但随着竹筐的滞销，他会根据市场的需求把竹编的手艺慢慢过渡到编制其他器物上。尽管这些竹器在器形上会有所差别，但技法基本一致，不会造成技法上的失传。相反，那些来自外力作用突发性的改变，对非物质文化遗产的影响往往是致命的。如随着大规模拆迁，以村落为单位的一个村子的香会一下子就没有了；随着三峡大坝的建成，川江号子一下子就没有了。

当然，并非所有的外力介入都是不好。通过申请特别款项将病入膏肓的传承人从死亡线上抢救下来，就是好的。动用政府力量，让一个个非物质文化遗产项目起死回生，也是好的。因为这种介入非但没有破坏非物质文化遗产的原有生态，反过来还通过自己的努力，修复了原已破损的文化生态。这种旨在修复原有生态而不是取代原有生态的做法值得提倡。

## 三 为什么文化生态保护区不能建成"开放系统"?

"文化生态保护区"的核心词是"保护"。所谓"保护",就是因某种原因或出于某种目的而将某类事物"封闭"起来。就文化生态保护区而言,我们所选定的,基本上都是因为这些地方某些传统太具特色,太有价值,为防止外来文化对它造成更大冲击,所以才以"文化生态保护区"的名义将其保护起来。这与为避免自然环境遭受人为破坏而实施的"天然林保护工程"中的"封山育林"理念如出一辙。只要做到这一点,用不了多久,已经破损的生态环境就会得到修复,保护非物质文化遗产的目的就会自然达成。但在考察了多个文化生态保护区后,我们发现,更多的规划,并不是将文化生态保护区做成一个个相对"封闭"的文化系统,而是将它们做成了一个个无比"开放"的文化系统,即通过文化生态保护区建立,加速了外来文化的大举进入,譬如规划之前,这些地区基本上还处于一种原生状态——这里没有非物质文化遗产公园,没有非物质文化遗产开发基地,也没有非物质文化遗产传习所。但规划后,随着非物质文化遗产公园、非物质文化遗产利用基地、非物质文化遗产传习所等形形色色的"外来模式"开始大举进入,当地非物质文化遗产及其原有生态也因"外来文化"的介入而发生明显改变。如原本用于谈情说爱的山歌一定要到传习所排练,原本坐在炕头上就能剪的剪纸一定要到文化产业基地去做,这种用行政方式或是工业生产方式来管理非物质文化遗产的做法,对于非遗传承来说有百害而无一利。

## 四 为什么说文化生态保护区最怕"外来物种"入侵?

作为以保护传统为己任的文化生态保护区,最忌讳的就是"外来物种",特别是"外来文化生态因子"的侵入。如果对此没有一个清醒的认识,我们就会"引狼入室",非物质文化遗产的纯正基因就会在"外来物种",特别是"外来文化生态因子"的干预下迅速变异。这种做法对于以保护本民族传统文化基因为最终目的的文化生态保护区而言,无异于南辕北辙。

## 五 怎样才能确保优秀传统文化基因永不退化？

要想确保文化生态保护区传统文化基因永不退化，最简单的办法，就是将文化生态保护区建成一个相对封闭的系统。

对于这种说法，并不是所有学者都持赞同态度。有人担心，这样做是否意味着将这里的人们完全封闭起来，并让他们过起"原始人"般的生活。当然不是。我们所说的"封闭系统"，并不是一个水泼不进的"全封闭系统"，而是一个具有明显针对性的"半封闭系统"。这个"半封闭系统"的基本特征是：对于那些对本保护区非物质文化遗产项目并不构成明显威胁的外来文化，允许它自由进出，而对于那些有可能会对当地非物质文化遗产造成明显冲击的外来文化，则必须拉开架势坚决"阻击"，即将那些有可能对当地非物质文化遗产造成巨大冲击的外来文化或是外来文化生态因子阻挡在保护区之外。多年的研究告诉我们，阻挡什么，不阻挡什么，当有规律可循。这个规律我们暂且称之为"相似排斥律"。该规律认为，凡外来之相似事物，最容易对当地非物质文化遗产造成冲击。所以，作为以保护当地文化基因为己任的文化生态保护区，应该尽量阻止外来"相似物"的流入。如在侗族大歌活跃区，人们最容易用美声唱法来改造侗族大歌，故这里的非物质文化遗产保护就应尽全力阻止美声唱法的流入；在山梆子戏活跃区，人们最容易用京剧来改造山梆子戏，故这里的非物质文化遗产保护就应尽全力阻止京剧的流入；而在民间泥塑活跃区，人们最容易用西洋雕塑法来改造传统泥塑，所以，这里的非物质文化遗产保护就应尽全力阻止西洋雕塑法的流入。反之，对于那些对当地非物质文化遗产尚构不成明显威胁的外来文化，完全可以打开大门，让它们自有出入。也就是说，我们所说的"半封闭系统"的建立，不但不会生硬地拒绝一切外来文明，更不会阻止当地人过上现代化的好生活。

## 六 文化生态保护区的文化生态到底是指什么?

做好文化生态保护区生态重建工作并不是一句空话。那么,什么是文化生态保护区的文化生态呢?当地非物质文化遗产所需要的当然不是刚刚建成的非物质文化遗产传习所、非物质文化遗产传承基地这些外来物质载体和文化场所,而是当地原有的文化生态,如老字号、老作坊等。因为与这些物质载体和文化场所相比,老字号、老作坊,无论是北京的馄饨侯、天津的狗不理,还是浙江的张小泉,历史上都是以家族的名义作担保,经历几百年岁月洗礼才发展起来的。我们之所以看重它们,是因为它们已经有着几百年的制作技术,有着几百年的营销经验,有着几百年的信用积淀,有着几百年的广告宣传。它们已经作为这些地方最重要的地域标志性文化,承载着诸多非物质文化遗产项目的有序传承,我们有什么理由不去保护这些优秀的文化载体,而一定要"另立门户",一定要表现出政府的"在场"呢?

当然,作为一种外来术语,"非物质文化遗产传习所""非物质文化遗产传承基地"等并非一概不能用。比如在非物质文化遗产项目统计过程中,"传习所"或是"传承基地"都是非常不错的"统计单位"。另外,在老字号、老作坊门前挂个牌子以资鼓励也是不错的选择。我们要说的是，既然我们建立的是文化生态保护区，就应该保护好这些老字号、老作坊，而不是另起炉灶，用外来物质载体和文化场所取代原有生态，否则，文化生态保护区建设越多，破坏也就越大。

## 七 为什么说过分强调非物质文化遗产博物馆的静态展示,很容易使"活遗产"变成"死文物"?

在文化生态保护区建设中,许多地方都有非物质文化遗产博物馆、展示馆等建设预案。将当地优秀的非物质文化遗产或是制成品放进博物馆,让人们在最短时间内对当地文化传统有一个大致的了解,不存在任何问题。2002年笔者在给文化部起草的《中国非物质文化遗产保护工程总体规划》中,已经谈到了这个问题。但需要指出的是,静态展示只是保存非物质文化遗产制成品的一种方式,我们不能将这种方式当成保护非物质文化遗产的首选途径,甚至是唯一途径,更不能用博物馆的静态保存取代非物质文化遗产的活态传承。打个比方,如果我们将还在演出的皮影搜集起来挂在皮影博物馆,其结果不但是皮影表演艺术没了,皮影演唱艺术没了,就连皮影的伴奏艺术也会因乐器走进了博物馆而彻底消失。原本还是活蹦乱跳的一门表演艺术,最后只能变成一幅幅供人端详的标本。非物质文化遗产保护的最终目的,不是让我们把非物质文化遗产挂在博物馆,而是要将祖先所创的非物质文化遗产,以活态的方式原汁原味地继承下来,并传承下去。非物质文化遗产保护工作,应该主要围绕着活态传承来进行。

## 八 为什么说政府取代民间,极易导致非物质文化遗产的"官俗化"?

非物质文化遗产是由民间创造并传承至今的。从本质上说,它应该隶属民间。但是,由于这些遗产已多处濒危状态,仅凭民间之力,很难将它们以活态的形式原汁原味继承下来并传承下去。所以,从2003年起,中国政府开始启动非物质文化遗产保护工程。事实已经证明,没有政府的努力,中国的非物质文化遗产保护工作就不可能取得如此辉煌的成就。当然,政府介入也是一柄双刃剑。尤其是当一些地方政府没有意识到非物质文化遗产"生于民间,传于民间"的客观规律,没有意识到民间固有的传承权力,就很容易干出政府越俎代庖、反客为主的事情来。

## 九 某些地方政府经常干预传统节日仪式的后果是什么？

地方政府经常干预型项目主要集中在传统节日、传统仪式和传统表演艺术几个方面。

这是因为传统节日仪式规模宏大，很符合做大做强原则，很容易被政府利用。各地举办的某某艺术节，基本上都是在传统节日或传统仪式的基础上发展起来的。表演艺术之所以能受到各级政府的重视，是因为非物质文化遗产主管部门均隶属于各个级别的群艺馆。而群艺馆的核心工作，就是通过采风搜集民间歌舞，经改编创新，形成新的作品并以此活跃当地的群众生活。

干预传统节日仪式类遗产的后果，从表面看，似乎只是将一个好端端的传统节日或仪式，改造成了一个政府展示其政绩工程的群众大会，但从本质上看，却是传统节日仪式文化内核的永久性丧失。仪式感强烈的端午节被改造成体育赛事，内涵丰富的重阳节被改造成体育登山活动，传统节日仪式一经改造，其最关键的文化内涵便会荡然无存。因为传统节日的核心仪式，最容易被当成"封建迷信"彻底删除。

## 十 某些地方政府经常干预传统表演艺术的后果是什么?

用于祭神还愿、自娱自乐的民间歌舞、音乐、戏曲、曲艺,也是政府改造的重灾区。这种改造有时是无意识的,如祭四方神的祭神舞蹈一旦登台,是一定要为迎合舞台欣赏习惯而进行必要的改造的。有些改造则是有意识的,这些改造更多的是遵循当代审美原则,让舞蹈越来越美,越来越好。但改造者有所不知的是,传统舞蹈的真正价值并不在于它有多少当代审美(应该没有当代审美,不然就不是非物质文化遗产了),而在于它到底保留了多少古代审美,对我们认识历史上的表演艺术到底有什么帮助。

## 十一 某些地方政府开始干预的项目是什么？干预的结果是什么？

传统工艺美术类遗产以往是很少被关注的。理由是这类遗产专业性强，市场导向明显，传承人很难听从政府的指令进行改编创新。

但随着各地传承人培训计划的展开，这种介入也逐渐多了起来。培训的后果，便是将原有的中华民族最纯正的文化基因变成了转基因，将真遗产变成了伪遗产。如某大学在开设唐卡课程时，除开设唐卡度量、上色、勾线、铺金等传统技法课程外，"还增设了素描、色彩、透视等美术课程。学员创作的唐卡内容也从传统的宗教题材扩展到植物花卉、世俗生活等领域"。①如果说前者虽然教师不如学生们，但毕竟还在谱上，而新增设的素描、色彩、透视等则完全不在谱上。将唐卡内容从传统宗教题材扩展到植物花卉、世俗生活领域则更是完全离谱儿的事情。试想，如果在表现形式上使用了素描、透视，在表现内容上加入了世俗生活，唐卡与西洋绘画还有差别吗？还有什么历史认识价值？我们还怎么理解藏族人民对世界艺术的独特贡献？

---

① 钱丽花：《23 所院校受托进行"非物质文化遗产"传承人培训》，详见《中国民族报》2015 年 9 月 25 日。

## 十二 某些地方政府会较少干预的项目是什么？

较少干预型项目主要有民间文学和民间医药类项目。前者没多少利用价值，也不具备可操作性，故申报之后，通常不会有人问津。而民间医药专业性强，干预后果严重，故很少有人干预。

我们反对一些地方政府对于项目传承的干预，但这并不意味着各级政府便无事可做。事实上，非物质文化遗产保护的许多工作都需要政府来完成。譬如仅从制度建设角度看，各级政府除了已经进行了相对完整的组织机构建设外，是否已经建立了足够完善的政策保障体系、地方法规保障体系、资金运作保障体系？在规章制度建设上，各级政府是否已经建立了足够完整的遗产利用提前申报制度、项目活用可行性分析报告制度、项目人为干预零冲击报告制度、濒危项目临时性指定制度、行业资格准入制度、传承人责任管理制度以及监管不力的后期惩戒制度？在传承人管理上，各级政府是否已经建立了足够完善的传承人评估制度、传承人分类管理制度、传承人信息管理制度、传承人培养管理制度以及针对传承人的激励制度？在评估体系建设方面，各级政府是否已经建立了非物质文化遗产项目的评估制度、非物质文化遗产项目的表彰警告与退出制度、非物质文化遗产传承人传承工作评估制度、非物质文化遗产保护工作评估制度以及非物质文化遗产生存现状评估制度?

## 十三　某些地方政府在文化生态保护区建设中到底应该扮演怎样的角色？

但是需要再一次强调的是，文化生态保护区所在地方政府的工作不是直接参与非物质文化遗产的活态传承，而是要借助政府的行政优势，去推动、鼓励、扶持非物质文化遗产传承人的活态传承。此外，当地政府还可以在条件成熟时，有意识地改变一下自己的"角色"，从以往的非物质文化遗产活动"组织者"向非物质文化遗产活动"服务者"的方向转化，让民众逐渐成为非物质文化遗产保护与传承工作的真正主人，让非物质文化遗产真正"还俗"民间。

## 十四 为什么说缺乏"文物"意识,很容易让"真遗产"变成"假文物"?

截至目前,我们亲自考察了18个国家级文化生态保护区中的绝大部分,并以学术顾问的身份,参与过几个文化生态保护区总体规划的起草工作。在这个过程中,我们发现的一个突出问题,便是许多地方政府缺乏"文物"意识,改编改造问题非常严重。

非物质文化遗产到底能不能改,对这个问题学术界争论已久。其实,在讨论之前,有一点儿大家必须达成共识——无论是物质文化遗产,还是非物质文化遗产,从本质上说,它们都是"文物"。所不同的是,前者是静态的"文物",而后者是活态的"文物"。它们的最大特点都是在历史上产生,并以静态或是活态的形式原汁原味地保存或是传承下来。从这个角度来说,它们的最大价值就是蕴藏在它们身上的历史文化科学艺术价值。正因如此,在许多国家,人们都会把物质文化遗产和非物质文化遗产,放置在同一部门——文化遗产部(日韩等国叫文化财厅)实施统一管理。日本是这样,韩国是这样,英法诸国也莫不如此。在这些国家中,作为保护这些文化遗产的一个最基本的原则,便是"最小干预原则"。① 有人认为社会在发展，非物质文化遗产当然也应该发展，所以，发展、变化、改编、创新，应该成为非物质文化遗产的常态。在我们看来，人类社会固然是向前发展的，但为了让社会更快更好的发展，一个成熟的社会总会把人分成两个大类：一类专门负责对于传统的保护，比如考古工作者、博物馆工作者，非物质文化遗产保护工作者以及千千万万个非物质文化遗产传承人。他们的任务不是改变文物，改变非物质文化遗产，而是想方设法地保护文物，保护非物质文化遗产。保护的终极目的，就是让文物不变，让非物质文化遗产也不变。只有不变，才会保住这些民族文化遗产的历史文化科学艺术价值；也只有不变，才能为文化创新、艺术创新、科技创新提供更多更好的极具地域特色与民族特色的参考与资源。从这个维度上说，"保护"与"创新"不但不矛盾，两者还会相辅相成，共同促进人类社会的快速发展。但前提是"保护"与"创新"这两项性质完全不同的工作，必须由工作性质完全不同的两类人分别承担，即传承人负责传承，创造者负责创新。在一个非物质文化遗产项目上，既想让传承人

---

① 根据国际古迹遗址理事会中国国家委员会制定的《中国文物古迹保护准则》第19条规定，对文物古迹的保护要"尽可能减少干预。……必须干预时，附加的手段只用在最必要的部分，并减少到最低限度。采用的保护措施，应以延续现状，缓解损伤为主要目标"，以确保文物的真实性，使其历史、文化和科学信息能够完整、真实地展示出来，并传递给后人。

原汁原味地传承,又想让传承人放任随意地创新,就如同既想让一个人往东走,同时又想让他往西走一样,无论如何都是无法实现的。[①]当然,作为天资聪慧的传承人,人人都有创作新产品的欲望。我们也不反对他在做好传承这一本职工作的基础上,进行一些新的尝试,但他有义务告诉别人:这是创新,不是传统。不要误导别人,让别人以为几百年前就已经有了这样的"传统"。

---

① 详见苑利、顾军《非物质文化遗产保护干部必读》,社会科学文献出版社2013年版,第143—144页。

## 十五　为什么说只保护"核心技术",极易破坏非物质文化遗产的整体保护与本真传承?

在田野调研中,我们常常会听到基层同志挂在嘴边的一句话:"保护非物质文化遗产,重点要保护其中的核心技术。"初听起来没什么错,但事后想想这种做法可能潜藏着很大的风险。清华大学博士顾浩花四年时间写了一部有关山东省兰陵县小郭村泥人制作技艺的博士论文。据他介绍,兰陵县小郭村泥人制作通常有72道工序。当问及如果取消其中一道最不起眼儿的工序,是否会对当地泥人制作技艺产生影响时,他的答案是否定的。他说在这72道工序中,有一道工序看似可有可无,这就是模具制好后需要往上面刷一道香油。这么做一是比较容易从泥模中取出泥人,二是泥模遇潮不会粉化。在他看来,民间将每一道工序都原汁原味传承下来是有它的道理的。作为非物质文化遗产保护工作者,我们的任务不是不假思索地改编改造,而是要认真琢磨其中的道理。随意改编改造,特别是以保护"核心技术"的名义,对非物质文化遗产实施大规模改造,很可能会对非物质文化遗产造成更为系统的破坏。要想原汁原味地保护好非物质文化遗产,就必须对其所有工序流程、所有技术技艺实施全方位保护。任何一种投机取巧、缺斤短两行为,都会对非物质文化遗产的完整性造成不必要的破坏。

## 十六　为什么说非物质文化遗产保护与衍生品开发要分别实施？

文化生态保护区是为保护非物质文化遗产而设置的特别区域，保护非物质文化遗产已经成为文化生态保护区义不容辞的责任。但是，在保护好非物质文化遗产的前提下，我们能否在不破坏非物质文化遗产原真性的前提下，对它进行适度的开发呢？答案同样是肯定的。

但，即或我们这样说，也是附带条件的。条件有二：一是这个工作不应由传承人来做，而是应由文创工作者来做。这是因为传承人所传非物质文化遗产，是人类历史上产生的、记录着古人世界观、审美观、价值观的一种历史文化现象，保护它就是保护人类历史上所创的文明。所以，非物质文化遗产的最大价值就是它的历史文化科学艺术价值，而一旦改变，就不再是我们所要的非物质文化遗产，而是以非物质文化遗产为元素的文化衍生品，尽管来自非物质文化遗产，但已经不是非物质文化遗产。所以，非物质文化遗产传承人不能放弃非物质文化遗产的传承转而走向衍生品的开发，如果一味坚持，结果就是捡了芝麻、丢了西瓜。

那么，这项工作到底应该由谁来完成呢？答案是文化创意工作者。与传承人相比,文化创意工作者创作能力更强,效果也更好。其实,以非物质文化遗产为元素的文创产品开发空间是相当大的。譬如我们可以将风筝上的图案印到杯子、盘子上,作家、艺术家可以将民间叙事诗《阿诗玛》改编成电视连续剧。有人担心这样会影响到非物质文化遗产的原真性,其实事实上是不会的,因为编剧不是传承人,而且他编剧的工作是在非物质文化遗产的"下游"进行,不会对非物质文化遗产产生不好的影响。

## 十七　为什么说弄懂自己的特点和长处是十分重要的?

俗话说"一方水土养一方人"。由于自然环境的不同、人文环境的不同,不同地方的非物质文化遗产都会有所不同,而这就是我们所说的"文化特色"。知道不知道自己的文化特色对于文化生态保护区建设工作者来说是十分重要的。因为当你知道自己的文化特色是什么,才能知道自己的长处在哪里、短处在哪里,才能知道自己应该打什么"牌"、不打什么"牌"。譬如,尽管历史上湘西地处湖湘文化、巴蜀文化、中原文化的交汇之地,但由于这里山高水险、交通不畅,从而使得这里的土家族苗族文化具有了更多的原生特点。许多非遗项目如传统歌舞(苗族接龙舞、苗族绺巾舞、土家族的铜铃舞、跳丧舞)、传统音乐(梯玛神歌、摆手歌)、传统戏曲(土家族毛古斯)、传统医药(土医土药、苗医苗药),以及传统建筑技术(土家族建筑技术、苗族建筑技术)等,都具有很强烈的独特性,是了解土家族苗族文化传统的重要标本。如果有机会出牌,那么,这些具有原生特点的非物质文化遗产项目,都是湘西土家族苗族文化生态保护区手中最好的"牌"。

再如湘西巫傩文化源远流长，这也使得这里的传统习俗迄今仍保存有丰富的原始宗教因子。自然崇拜、巫傩信仰、万物有灵观念仍不同程度地与当地的非物质文化遗产发生着这样或那样的联系。打个比方，无论是土家族的梯玛歌，还是苗族的古歌，时至今日仍由这些民族的巫师来传承；土家族的摆手舞、毛古斯，苗族的鼓舞、接龙舞，均在祭祖仪式上演出；而上刀山、下火海、踩火犁、捞油锅也一直作为巫师宗教信仰活动的重要组成部分被传承着，而这也正是为湘西土家族苗族文化生态保护区独有，而其他文化生态保护区所不具备的。相反，如果一定要与其他文化生态保护区在艺术上比高低，那你的长处也许就不那么突出了。所以，知道自己的长处并利用好自己的长处，对于各文化生态保护区的建设来说显然是十分重要的。

## 十八　为什么说非遗传承的最好状态不是"表演态"而是"生活态"？

在现实生活中，真正的非物质文化遗产基本上都是作为百姓生活的一部分而呈现在我们面前的，如种地、绣花、剪窗花、唱山歌是老百姓日常生活的一部分，逛庙会、办婚礼、过中秋也是老百姓日常生活的一部分。所以我们说，绝大多数的非物质文化遗产，都是作为老百姓日常生活重要组成部分而出现在其生活中的，我们把这种状态叫"生活态"。只要非物质文化遗产是以"生活态"的形式呈现在我们面前的，就说明这些遗产是真实的、原汁原味的，具有较高的保护价值。反过来，如果这些项目只出现在地方政府、商界或是学界组织的各种各样的表演中，已经从原有的"生活态"转向了"表演态"，就说明这个项目已经被改编改造。而这些被改编改造过的东西，已经不再具有保护价值。

## 十九　只要政府的干预是善意的,结果就都会是好的吗?

在中国的非遗保护工作中,政府干预是一种非常普遍的现象。有人认为,政府错误的干预结果肯定是不好的;但如果政府的出发点是好的,是善意的,其结果应该都是好的。但事实告诉我们,有很多干预尽管出发点是善意的,但结果同样会对非物质文化遗产造成某种程度的破坏。要知道,保护非物质文化遗产的最终目的,是要保住地域文化的独特性,然后,通过对地域文化独特性的保护,最终实现保护人类文化多样性的目的。但某些政府好心干预的结果又是什么呢?恰恰是破坏了地域文化的独特性。因为在政府的干预下,被我们称之为"传统"的东西不是越来越多了,而是越来越少,甚至是消失了。这些事实告诉我们,理念错了,即或是"善意的干预"同样会给非物质文化遗产带来致命伤害。

那么,怎样才能不犯或是少犯这样的错误呢?最简单的做法,就是坚持传统。东西坏了可以换,但一定要坚持传统,慎谈"创新"。在非遗传承过程中,所有的"创新"都是对真实性的否定。

# 附录：中国文化生态保护（实验）区名单

国家级文化生态保护（实验）区（至2020年6月）

| 序号 | 名称 | 地区 | 保护实验区批复时间 | 总体规划批复时间 | 保护区批复时间 |
|---|---|---|---|---|---|
| 1 | 闽南文化生态保护区 | 福建省（泉州市）、福建省（漳州市）、福建省（厦门市） | 2007-06 | 2013-02 | 2019-12 |
| 2 | 徽州文化生态保护区 | 安徽省（黄山市、绩溪县）、江西省（婺源县） | 2008-01 | 2011-03 | 2019-12 |
| 3 | 热贡文化生态保护区 | 青海省（黄南藏族自治州） | 2008-08 | 2011-01 | 2019-12 |
| 4 | 羌族文化生态保护区 | 四川省（阿坝藏族羌族自治州茂县、汶川县、理县、绵阳市北川羌族自治县、松潘县、黑水县、平武县），陕西省（宁强县、略阳县） | 2008-10 | 2014-03 | 2019-12 |
| 5 | 武陵山区（湘西）土家族苗族文化生态保护区 | 湖南省（湘西土家族苗族自治州） | 2010-05 | 2014-03 | 2019-12 |
| 6 | 海洋渔文化（象山）生态保护区 | 浙江省（象山县） | 2010-06 | 2013-02 | 2019-12 |

续表

| 序号 | 名称 | 地区 | 保护实验区批复时间 | 总体规划批复时间 | 保护区批复时间 |
|---|---|---|---|---|---|
| 7 | 齐鲁文化（潍坊）生态保护区 | 山东省（潍坊市） | 2010-11 | 2013-05 | 2019-12 |
| 8 | 客家文化（梅州）生态保护实验区 | 广东省（梅州市） | 2010-05 | 2017-01 | |
| 9 | 晋中文化生态保护实验区 | 山西省（晋中市，太原市小店区、晋源区、清徐县、阳曲县，吕梁市交城县、文水县、汾阳市、孝义市） | 2010-06 | 2012-07 | |
| 10 | 迪庆民族文化生态保护实验区 | 云南省（迪庆藏族自治州） | 2010-11 | 2013-02 | |
| 11 | 大理文化生态保护实验区 | 云南省（大理白族自治州） | 2011-01 | 2017-05 | |
| 12 | 陕北文化生态保护实验区 | 陕西省（延安市、榆林市） | 2012-04 | 2017-05 | |
| 13 | 铜鼓文化（河池）生态保护实验区 | 广西壮族自治区（河池市） | 2012-12 | 2017-01 | |
| 14 | 黔东南民族文化生态保护实验区 | 贵州省（黔东南苗族侗族自治州） | 2012-12 | 2017-01 | |
| 15 | 客家文化（赣南）生态保护实验区 | 江西省（赣州市） | 2013-01 | 2017-01 | |

续表

| 序号 | 名称 | 地区 | 保护实验区批复时间 | 总体规划批复时间 | 保护区批复时间 |
|---|---|---|---|---|---|
| 16 | 格萨尔文化（果洛）生态保护实验区 | 青海省（果洛藏族自治州） | 2014-08 | 2017-01 | |
| 17 | 武陵山区（鄂西南）土家族苗族文化生态保护实验区 | 湖北省（恩施土家族苗族自治州，宜昌市长阳土家族自治县、五峰土家族自治县） | 2014-08 | 2018-04 | |
| 18 | 武陵山区（渝东南）土家族苗族文化生态保护实验区 | 重庆市（黔江区、石柱土家族自治县、彭水苗族土家族自治县、秀山土家族苗族自治县、酉阳土家族苗族自治县、重庆市武隆区） | 2014-08 | 2018-04 | |
| 19 | 客家文化（闽西）生态保护实验区 | 福建省（龙岩市长汀县、上杭县、武平县、连城县、永定区，三明市宁化县、清流县、明溪县） | 2017-01 | | |
| 20 | 说唱文化（宝丰）生态保护实验区 | 河南省（宝丰县） | 2017-01 | | |
| 21 | 藏族文化（玉树）生态保护实验区 | 青海省（玉树藏族自治州） | 2017-01 | | |

续表

| 序号 | 名称 | 地区 | 保护实验区批复时间 | 总体规划批复时间 | 保护区批复时间 |
|---|---|---|---|---|---|
| 22 | 河洛文化生态保护实验区 | 河南省（洛阳市） | 2020-06 | | |
| 23 | 景德镇陶瓷文化生态保护实验区 | 江西省（景德镇） | 2020-06 | | |